이란-페르시아
바람의 길을 걷다

이란-페르시아
바람의 길을 걷다

초판 1쇄 발행일 2017년 4월 3일
3쇄 발행일 2020년 4월 30일

지은이 김중식 | 펴낸이 김종해 | 펴낸곳 문학세계사 | 주소 서울시 마포구 신수로 59-1(04087) | 대표전화 02-702-1800 | 팩시밀리 02-702-0084 | 이메일 mail@msp21.co.kr | 홈페이지 www.msp21.co.kr | 페이스북 www.facebook.com/msp21.co.kr | 출판등록 제21-108호.(1979.5.16) | ISBN 978- 89-7075-939-5 03910 | ⓒ문학세계사, 2017 | 값 18,000원

이 도서의 국립중앙도서관 출판예정도서목록(CIP)은 서지정보유통지원시스템 홈페이지(http://seoji.nl.go.kr)와 자료공동목록시스템(http://www.nl.go.kr/kolisnet)에서 이용하실 수 있습니다. (CIP제어번호: CIP2020001839)

이란-페르시아
바람의 길을 걷다

김중식 여행기

문학세계사

차 례

사막 가는 길

: 바다를 건너는 낙타처럼, 사막을 건너는 고래처럼

생존에는 두 갈래 길이 있다. 경쟁에서 이기거나, 경쟁이 없는 불모지에 적응하는 것이다. 불모지에 적응하는 방식에도 두 갈래 길이 있다. 정착하느냐, 유랑하느냐.

시인은 불모지에서 유랑을 선택(당)한 생물이었다. 경쟁력은 경쟁에서 생기는데, 시인은 세상을 쓰레기라 여기고 경쟁 없는 먼 곳을 떠도는 족속이었다.

시인들은 제자리걸음으로 극지, 고산, 바위섬 등지를 헤매고 있었다. 나는 불모의 땅에서도 특히 사막을 걷고 있는 시인들을 좋아하였다. 사막의 이미지가 내 마음의 풍경과 닮았다고 여긴 모양이었다.

어떤 시인은 쌍봉 낙타였다. 그(녀)는 둔황과 톈산 산맥과 고비 사막을 횡단하고 있었다. 세상의 모든 짐을 진 채 오체투지로 석양 속으로 들어가고 있었다.

어떤 시인은 단봉 낙타였다. 적재량보다는 속도를 살려서 물의 바다를 돌고래처럼 미끄러져 나아갔다. 서역에서 출발해 달마의 동쪽을 거쳐 지리智異와 무등無等의 산자락으로 들어가고 있었다.

나는 누구인가. 같은 말이지만, 나는 왜 사는가. 큰 질문엔 큰 대답이 필요했다. 하지만 너무 공허하고 허한 속울음이어서 메아리가 없었다. 술 마시고 춤을 추어도 속이 끓었다.

이곳만 아니라면 어디든지! 해외 여행 자유화 직후 인도로 가서 주로 사막라자스탄 주에 머물렀다. 자전거 타고 선셋 포인트에 가서 지평선 너머로 통째로 떨어지는 해를 보았다.

오아시스 마을을 돌아보는 낙타 사파리를 할 때 낙타 등 위에서 세상은 파도처럼 출렁거렸다. 낙타가 뛰어다닐 때 나는 떨어지지 않으려고 빈약한 허벅지로 낙타 등을 단단히 조였다가 결국 다리에 쥐가 났다. 나는 고삐를 쥐고 낙타를 등에 업은 채 사막을 걸었다. 낙타를 타고 사막을 건널 수도 있지만, 낙타를 메고 건널 수도 있는 것이었다.

세상을 등짐 진 사람들이 있다. 산다는 건 어려운 일이다. 세상에 선악은 있되, 삶에 우열은 없다고 보았다.

그후로 오랫동안 질문하지 않는 삶을 살기 위해 하루하루 탈진에 이르도록 일했다. 알코올을 폭포수처럼 들이부었다. 술기운으로 잠들었으나 그것은 수면이 아닌 마취일 뿐이었다.

이러다 오래 못 살겠다 싶은 느낌이 들자, 잠이 깨고 나면 아픈 곳이 다시 아파 왔다. 잊고 지냈던 질문들이 두 눈 똑바로 뜨고 대들었다. 어떻게 살아야 하는가. 병이 도진 것이었다. 옛 페르시아에 일자리가 났고, 사막에서 살아 보기로 했다.

저렇게까지 살아야 할까. 사막에서의 삶은 과연 비루했다. 사막에 비가 없다는 건 구름이 없다는 것이고, 바람이 없다는 것이며, 꽃이 없으므로 벌과 나비가 없다는 것이다.

푸르름을 포기한 풀이라니. 그것을 식물이라고 불러 줘야 할까. 다만 살기 위해 광합성에 필요한 에너지를 줄이려는 듯 심해 해조류처럼 암갈색으로 살아가는 풀포기.

가시나무도 바짝 엎드린 채 죽은 듯 산다. 수분 증발을 막으려고 스스로 잎과 가지를 버렸을 것이다. 식물의 삶이 옹졸한 마당에 사막의 동물인들 잘 살기 어렵다.

그리하여 사막에서 모든 삶은 평등하게 쪼잔하다. 인간마저 모래보다 크지 않다. 순응하지 않으면 살아갈 방도가 없기 때문이다. 모래의 입장에서 보자면, 자기도 한때는 바위였으며, 수억 년에 걸쳐 먼지가 되었다. 하물며 생명은 더 유한하고 허망한 것이다. 사막은 그의 허망함으로 모든 생물을 지배하는 자연의 완벽한 독재 공간이었다.

거기에 사람이 있었다. 저들은 왜 사막에서 살까. 누가 왜 그곳에 처음 들어갔을까. 이루어질 수 없는 사랑 때문에 야반도주한 연인이었든, 전쟁에서 패배한 뒤 부족 청소를 피하려고 숨어든 집단이었든 약한 것들이 죽지 않고 살기 위해, 즉 풍요 대신 안전을 선택한 것이라는 생각이 들었다.

사막에서 모든 삶은 평등하게 쪼잔하다.

인간마저 모래보다 크지 않다.

순응하지 않으면 살아갈 방도가 없기 때문이다.

모래의 입장에서 보자면, 자기도 한때는 바위였으며,

수억 년에 걸쳐 먼지가 되었다.

하물며 생명은 더 유한하고 허망한 것이다.

사막은 그의 허망함으로 모든 생물을 지배하는

자연의 완벽한 독재 공간이었다.

하지만 간단한 문제가 아니었다. 거기에 문명과 왕국, 그리고 제국이 있었다. 사막은 도망자들의 피난처가 아니라 없는 길을 만들어 낸 도전자들이 제 발로 걸어들어간 블루오션이었다. 먼 훗날 누구보다 먼저 화성으로 가서 살 사람들은 낙오자가 아니라 선구자일 것이다.

누군가에게 사막은 들어가면 나오기 어려운 공포의 공간이지만, 누군가에게는 문명의 인큐베이터였다. 그 공포를 역이용해서 성을 쌓지 않고 길을 만들어 인류 최초의 대제국을 건설했다.

물과 길이 없다면 사막은 가장 위험하고도 안전한 곳이다. 물과 길이 있다면 사막은 가장 안전하고도 풍요로운 삶터가 되는 것 같다.

사막에서는 비 한 방울이 모래밭에 닿는 순간, 달구어진 프라이팬에 뿌린 식용유처럼 물폭탄 터지는 소리를 내면서 증발한다. 물방울이 폭발하면서 풍기는 물냄새는 일순 코를 뚫어 주는 힘이 있다.

사하라 사막을 뚫고 지나가는 나일강은 한 방울 한 방울의 물이 모여 대륙의 숨통을 트여 주는 것이었다.

페르시아에서도 마찬가지였다. 고대 도시와 제국의 수도는 다 강이나 바다를 낀 물의 도시였다. 오아시스 도시들은 점점이 육로 네트워크를 통해 윗바다지중해와 아랫바다페르시아 만를 연결했다. 항구 도시들은 당나라와 신라에 이르기까지 점점이 해상 네트워크를 만들었다.

페르시아 문명은 물을 거점으로 삼아 길을 뚫었다. 그들은 눈에 보이지 않는 사막길과 바닷길을 갈 수 있었다. 사막의 모래바람이 길을 지워도, 바다의 파도가 길을 지워도, 그들은 가야 할 방향을 알고 있었다.

내가 사막에서 깨달은 것은 길을 열면 흥할 수도 있고 망할 수도 있지만, 길을 닫으면 망할 수는 있어도 흥할 수는 없다는 것이었다. 미래는 지도에 없는 길이기 때문이었다.

나는 아직 내가 누구인지 모르겠다. 그러나 어떻게 살아야 하는지에 대한 방향성을 찾은 것 같다.

3년 6개월간의 이란 생활을 마치면서 이란 버전의 『나의 문화유산답사기』를 찾아 우리나라에 소개하고 싶었으나 끝내 찾아내지 못했다. 이 책을 쓰게 된 가장 큰 이유가 그것이었다. 실용적인 가이드북으로서는 '론리 플래닛' 출판사의 책을 넘어설 수 없기 때문이었다.

이란의 역사와 문화를 기행문에 녹여 내고자 했다. 이 여행기는 야즈드선사 시대-수사고대-페르세폴리스고대-시라즈중세-이스파한근세-커션근대-테헤란현대 순서로 돼 있다. 실제 여행의 최단 동선이라기보다는 이란 역사의 주요 왕조들이 수도로 삼았던 도시들을 연대기 순서로 따라감으로써 이란 역사의 흐름을 대강이나마 느껴 보고자 했다.

이란은 국토의 절반 이상이 사막이지만, 있을 것은 다 있는 하나의 대륙이다. 만년 설산과 바다 같은 호수와 온 국민을 너끈히 먹여 살리는 곡창 지대가 있다. 유네스코 지정 세계문화유산이 19곳으로 중동에서 가장 많은 나라이기도 하다.

이란과 한국은 같은 위도상에서 서로 다른 시대를 살고 있다는 느낌이 들 때가 많다. 그만큼 여행자에게는 아주 매력적인 유혹적인 여행지일 것이다.

'아는 만큼 보인다'고 했던가. 이란에서는 보이는 것만 보면, 아무것도 볼 수 없다. 길은 멀고, 먼 길 끝에 도착해도 자상한 설명 한 줄 없다. 제국의 궁은 사막 속 돌산에 불과하고, 오아시스는 빨래터에 지나지 않는다. 강이라 해야 시궁창 같을 때가 있고, 산이래야 풀 한 포기 자라지 않는 민둥산이다. 역사적 상상력으로 과거를 입체 복원할 필요가 있는 것이다.

책에서 '페르시아'와 '이란'은 '코리아'와 '대한민국'의 관계와 비슷하다. 페르시아는 그리스가 붙여 준 이름이고, 이란은 이란 사람들이 제 스스로를 부른 이름이다. 정치적으로나 어법상으로 '페르시아 어'보다는 '이란 어'라고 부르는 게 맞다. 그러나 '페르시아 카펫'과 '페르시아 왕자'를 '이란 카펫'이나 '이란 왕자'라고 고쳐 봐야 실익이 없고 뉘앙스도 살지 않는다. 두 국호의 용법이 헷갈릴 때가 있다는 점에 대해 양해를 구한다. 다만 기원전 6세기 고대 대제국에서 1930년대에 스스로 국호를 이란으로 불러 달라고 하기 전까지의 시기는 '페르시아'로 통일했다.

일일이 출처를 밝히지 못한 곳들이 많다. 각종 팩트숫자와 역사적 사실는 참고 문헌과 네이버·구글, 그리고 몇몇 영어책에서 (재) 인용했다. 특히 신화와 문화 관련 내용은 각각 공원국 박사2012 와 유흥태 박사2013와 함께했던 페르시아 답사 기행 때 메모했던 것들을 참조했다.

이 책에서 읽을 만한 내용이 있다면 그 자료들과 학자들 덕분 이다. 오류와 오해가 있다면 취사선택을 올바로 하지 못한 필자 의 잘못이다. 잘못된 정보는 발견되는 대로 수정할 것이다. 다만 '단군 이래 페르시아 어를 가장 잘하는 한국인'인 최인화 교수테 헤란대와 함께하는 페르시아 문학 기행을 했다면 더욱 풍부한 책 이 됐으리라는 아쉬움이 남는다.

모든 것이 되려다 아무것도 되지 못한 책이 된 게 아닐까 걱정 된다.

이란 가는 길
: '인샬라'와 '인저 이란', 두 얼굴의 이란

"이란은 이란이다"

우리네 '약소 민족'들에게 천리 길은 '가도 가도 천리 길'이다. 하지만 이태백에게 천리 길은 하루만에 돌아오는 "천리강릉일일환千里江陵一日還"의 거리에 불과하다. 이란에서 테헤란 시민들 역시 먼 곳까지 갔다가 귀경길에 서울까지 500㎞가 남았다는 이정표가 나오면 "집에 다 왔네."라고 말한다.

현재의 이란은 한반도 7.5배 크기의 국토를 지녔다. 과거의 제국 시절엔 우리나라 두 배 크기의 카스피 해를 내해內海로 삼고 28개 민족을 복속시킨 하나의 '대륙'이었다.

이란 고원은 티그리스·유프라테스 강의 메소포타미아 문명과 함께 이란성二卵性 쌍생아로 인류 문명의 한 발상지였다. 이란 고원은 우리의 백두산처럼 페르시아 신화의 고향이고, 페르시아 문명의 요람이다.

메소포타미아 문명과 이란 문명이 서양 문화의 탯줄이었다는 사실이 하루가 다르게 드러나고 있다. 근대 유럽인들이 사력을 다해 덧붙여 완성한 '서양 문화 독자성'의 모자이크가 세월이 흘러 한두 조각씩 떨어져 나가면서 자연스레 원화原畵가 드러나는 형국이랄까.

특히 서양이 걸음마를 시작한 이후 '동방'오리엔트은 거인의 모습으로 다가온 고대 페르시아 제국을 일컫는 것이었다. 유럽서양의 자의식은 그리스 도시 국가의 자유 시민들이 페르시아에게 영혼마저 털리지는 않겠다는 저항 의식에서 생겨났다.

페르시아는 2,500년 전 인류의 첫 대제국을 건설하는 등 네 차례아케메네스·파르티아·사산·사파비 왕조에 걸쳐 제국을 경영하면서 동방의 문화를 용광로처럼 융복합했다. 7세기 중반 아랍에 멸망당한 이후에는 약 1,400년간 이슬람의 전통을 축적했다. 유물과 유적들이 센츄리100년가 아닌 밀레니엄1000년 단위로 표기되는 '통 큰 시간'의 여행지다.

이란은 우리에게 머나먼 나라다. 교통과 통신이 불편해서 아프리카나 남미보다 멀게 느껴질 때가 있다. 직항로가 없고, 인터넷이 느리며, 소셜 미디어는 불법이다. 해상이나 육상의 실크로드로 이어졌던 통일신라 때보다 한국과 이란은 더 멀어진 것 같다.

하지만 여행을 '스스로 이방인 되기'라고 한다면, 심리적인 거리와 시차時差를 포함한 차이가 클수록 여행객에게는 화려한 유혹이겠다. 그 불편함이 이국적 정취를 더해 줄 것이다. 이란은 좋은 의미든 나쁜 의미든 매순간 문화 충격을 선사할 것이다.

이란은 누구와도 다르기를 원하고, 누구와도 비교되는 것을 사양하는 자존심 덩어리다.

첫째, 이란은 서구 중심주의의 피해자다. 동서 문명을 융합한 지구촌의 중원인데, 그리스·로마와 꾸준히 맞선 '죄' 탓에 서양인에게 기괴한 나라로 찍혔다.

예컨대 페르시아 대 그리스의 전적은 11전 8승 1무 2패쯤 된다는데, 이란을 제외한 '전 세계'에서는 그 2패만을 배우고 알게 된다. 살라미스 해전은 그리스 본토가 유린된 풍전등화의 상태에서 이순신 장군의 승전보처럼 외로웠기에 더욱 기념비적인 승리였다. 해전 당시 지중해 버전의 '가미가제'^{神風}가 있었다. 세계사에서 유럽을 '보존'시킨 전투였다.

다른 하나는 12만 다국적군이 2,000㎞를 행군한 뒤 노 젓는 배로 상륙했다가 1만여 아테네 군에게 패배한 것이다. 그것이 마라톤 전투였다. 질 수 없는 전투에서 패배한 페르시아는 이를 치욕으로 여겼고, 훗날 이란 스포츠에서 마라톤 종목은 사라졌다. (뜻밖에도 2016년 리우 올림픽에서 이란 마라토너가 출전했다. 그는 결승선 앞에서 쓰러졌으나 기어서 골인했다. 올림픽 정신을 보여 준 그는 서방 언론에서 큰 화제가 됐다. 그러나 이란에서 마라톤은 여전히 환영받지 못하는 종목임에는 변함이 없다.)

두 전투에서 그리스의 자유 시민들은 과연 영웅적이었다. 그러나 페르시아는 여전히 세계 최강이었다. 베트남이 미국을 물리쳤다고 해서 베트남이 지구 최강이 아닌 것과 마찬가지다. 그리스가 조각배였다면, 페르시아는 28개 민족 100만 대군을 탑재한 항공모함이었다.

18세기 이후 역사의 승자인 서구가 거인을 비대증 환자로 비하하면서 페르시아는 시대에 뒤떨어진 덩치 큰 공룡 취급을 당했다.

둘째, 이란은 중동에서도 유독 특이한 나라다. 이란의 주요 민족은 아리안 족이고, 아랍 인은 셈 족이다. 이란 인은 인도-유럽 어족인 페르시아 어를 쓰고, 아랍 인은 셈 족어인 아랍 어를 쓴다. 종교 역시 이란은 시아파 이슬람이고, 아랍은 수니파 이슬람이다. 종교적으로 한 뿌리에서 났으나 줄기부터 갈라져 싸운 탓에 시아파와 수니파는 서로를 이단으로 취급하면서, 이교도보다 서로를 더 미워한다.

이란은 중동에 있지만, 아랍의 일부라고 하면 양쪽 다 싫어한다. 이란 인은 문명과 문화의 축적없이 사막을 떠돌던 아랍 유목민들을 오랑캐로 여긴다. 아랍의 이슬람교도에게 정복당한 뒤, 이슬람을 국교로 삼은 신정국가가 되었으나 아랍 인에게 당했다는 사실을 치욕으로 여긴다.

거꾸로 아랍 인은 이란 인을 '아잠'非 아랍 인이라 부르는데, '조센징'과 비슷한 어감인 모양이다. 쿠웨이트에서 이런 일이 있었다. 난폭 운전 차량을 보더니 "지금 이란 놈이 운전하고 있는 거야."라고 욕을 하는 것이었다. 아랍 인들은 기독교도나 유대인을 같은 경전을 믿는 2등 국민으로 쳐주지만, 시아파 무슬림에 대해서는 '적'으로 취급한다. 한일 관계에 비할 바가 아니다.

이란은 '아랍이 되지 않은 유일한 중동'이다.

두 얼굴의 이란

이란의 정체성과 관련해 두 개의 얼굴이 있다. 조로아스터교와 이슬람교의 전통이다.

현재 이란은 지구 유일의 신정국가다. 7세기 이슬람의 유토피아를 지상에 구현하려는 종교 국가다. 주권이 신에게 있다. 은둔 중인 메시아열두 번째 이맘인 '메흐디'가 돌아와 종말을 선포하고 새로운 천년 왕국을 세울 것이다. 그때까지 성직자들이 신의 대리인으로서 국가를 다스린다.

이슬람의 가치와 이슬람 혁명의 대의를 수호하는 것이 이란 헌법의 정신이다. 고대 페르시아 영웅 시대의 잔재와 유산을 다 털어 버리고 싶어한다.

국부이자 원조 최고 지도자였던 호메이니는 조로아스터교 시대의 산물인 설날노루즈 행사를 '이교도의 축제'라고 비난했다. 이런 맥락에서 이란 교과서는 페르시아의 영광을 '객관적으로' 간략히 다룬다. 두 번째 최고 지도자인 하메네이는 2011년 "이슬람 이전의 역사를 강조하지 말라."고 지시했다고 한다. 고대 유적지

이란의 한 고궁을 관리하는 여성의 뒷모습. 아직 교통과 통신이 불편해 우리에게 심리적으로 남미나 아프리카보다 더 먼 나라인 듯한데, 그 불편함 때문에 더욱 강렬한 문화 체험을 하게 된다.

를 가 보면 '관리되고 보존되는 폐허'가 아니라 그냥 땡볕과 모래 바람 속에 노출시켜 방치한 곳이 많다.

실제 이란의 모든 화폐에 등장하는 인물은 단 한 명이다. 페르시아 대제국을 창건하고 세계를 경영했던 어떤 역사 인물도 이란 이슬람 공화국을 대표하는 상징이 될 수 없다. 이란에 가서 비즈니스를 위해 고위층을 만났을 때, 페르시아의 영광에 대한 과도한 찬양은 절대 금물이다. 그 어떤 조직이든 고위층 또는 그보다 더 높은 최고위층은 성직자이기 때문이다.

그러나 많은 이란 인의 유전자와 핏속에는 페르시아 제국의 기억과 흔적이 남아 있다. 이란 인의 절반 정도가 자녀 이름을 페르시아 영웅에서 따온다고 한다. 춘분을 설날로 삼는 역법이 조로아스터교의 산물이며, 지금도 설날 전후로 2~3주간에 걸쳐 민족 대이동을 하는 전통 또한 그렇다.

조로아스터교와 이슬람교라는 두 수레바퀴가 현대 이란을 움직이고 있다.

자주적인, 너무 주체적인

팔레비 왕조 때 이란은 '근대화=서구화'라고 여겼다. 공공생활에서 이슬람적 요소를 빼려고 부단히 노력했다. 히잡을 벗으라 했고, 여학생도 대학에 다니라 했다. '테헤란은 중동의 파리'였

32

고궁으로 소풍 나온 이란의 남자아이들. 옛 페르시아 제국의 아이들이 말타기와 활쏘기를 즐겼다면, 요즘 남자아이들은 축구에 빠져 산다.

한 파티에서 춤을 추고 있는 이란의 꼬마 여자아이. 이란에서는 파티가 일상적인 일이어서 꼬마들도 주저하거나 빼지 않고 잘 논다.

고, 술집 네온사인이 휘황찬란했다. 이란은 중동에서 제2의 미국이었다.

이란은 1979년 혁명의 성공으로 그 정반대의 길을 갔다. 히잡을 의무화했고, 여학생을 대학에서 다 내보냈다. 금주와 금욕의 땅이 됐으며, 반제 · 반미의 선봉이 됐다. 혁명 이후 37년간 인류 역사상 최고 수준의 경제 봉쇄를 당했다. 그 와중에 2002년 미국에 의해 '악의 축'으로 찍혔고, 2011년엔 경제의 실핏줄인 금융마저 차단당했다.

과거 페르시아가 지중해의 패권을 두고 로마와 경쟁할 때, 두 제국 사이에 다툼이 없던 기간을 서양사에서는 '팍스 로마나'로마 질서 내에서의 평화라고 부른다. 이란 인의 관점에서 보자면 그 시기는 '팍스 페르시아나'이기도 할 것이다.

현대 이란은 '팍스 아메리카나'미국 질서 내에서의 평화가 진짜 평화인지를 묻고 있다. 국제 사회에서 이란이 감당하는 고통은 어쩌면 지구촌 유일의 초강대국에게 불편한 질문을 던진 죗값이겠다.

이란은 '레지스탕스 경제'저항 경제의 자급자족으로 버텼다. 날이 따뜻해 얼어 죽을 염려가 없고, 카스피 해와 오아시스 인근에서는 풍부한 일조량 속에서 오곡백과가 영글어 굶어 죽을 염려가 없으니 가능했던 도전이었다. '빨대만 꽂으면' 쏟아져 나오는 석유와 가스를 판로가 열리자마자 내다팔 수 있다. 자존심을 굽히지 않아도 먹고사는 데 지장 없다는 게 이란의 큰 자랑이다.

달력도 독자 연호의 이란력을 쓴다. 무함마드가 메카에서 메디나로 이주한 622년을 원년, 조로아스터교의 원단인 춘분을 설날로 정했다. 2017년은 이란력 1396년이다. 이란과 한국과의 시차는 4시간 30분(서머타임 땐 5시간 30분)이다. 독자적인 연호와 30분 시차의 표준시를 쓰는 나라는 지구상에서 이란과 북한 정도인 것 같다.

자존심 하나만큼은 이란이 지구촌 최강인 게 분명하다. 세계화 시대에 무소의 뿔처럼 홀로 가고 있다.

'인샬라'와 '인저 이란'

이란에서 가장 자주 듣는 말은 '살럼'안녕, 신의 축복이 있기를과 '맘눈'고마워이겠다. 다음으로는 '인샬라'신의 뜻대로와 '인저 이란'여기는 이란입니다쯤 된다.

'인샬라'는 한 치 앞을 내다볼 수 없는 인간의 무능과 무지몽매, 그리고 시간을 주재하는 유일한 존재신 앞에서의 겸손을 표현하는 신앙 고백이다.

이슬람교의 창시자 무함마드가 동굴에서 도를 닦던 어느날. 누군가 '젊은이'와 관련한 질문을 했다. 무함마드는 "내일 대답해줄게."라며 돌려보냈다. 하지만 신의 계시는 보름 뒤에야 찾아왔다. "내일 하겠다고 말하지 말라. 단지 '신의 뜻'이라고 하라."(『쿠

란』18장 23~24절)

문제는 완전한 신의 말씀을 불완전한 인간이 오·남용하는 데 있다. 우리의 시각이라면 책임의 회피에서 신의·성실 의무의 파기에 이르는 행위가 분명한데, 그들은 미안한 기색은커녕 '인샬라'라고 정당화한다. 그러고도 말문이 막히면 '인저 이란'이라며 그만하자는 신호를 보낸다. 나쁜 말로 의역하면 '어쩔래', '배 째라'쯤 될까. 이쯤 되면 차이와 다름을 인정하고 물러날 수밖에 없다.

'인샬라'와 '인저 이란'은 여행객들에게 즐거운 화젯거리와 추억을 선사하겠지만, 사업을 하는 외국인에게는 속이 타들어 가는 고통을 준다. 이란에 가면 이란법을 따라야 한다. 되든지 말든지 맘 편히 먹고 천천히 일해야 한다.

무함마드는 사람이 서두를 일은 세 가지밖에 없다고 가르쳤다. 좋은 일 하기, 자식이 간음하기 전에 결혼 시키기, 죽은 사람을 장례 치르기.

우리가 이란 인에게 '빨리빨리'를 요구할 때, 그들은 왜 그렇게 사냐고 측은한 눈길을 보낸다. 왜 너희는 약속을 안 지키냐고 따지면, 그들은 "화를 내는 건 사탄을 부르는 행위"라며 우리를 위로한다.

한국은 세상에서 가장 빠른 나라, 이란은 세상에서 가장 느린 나라 가운데 하나일 것이다. 그들 역시 우리를 이해하기 어려워한다. 서로 문화 충격을 주고받는 관계일 것이다. 인샬라.

테헤란 내 독일 대사관 학교에서 두 여학생이 손을 맞잡고 있다. 이란 국적의 여학생은 외국치외법권 지역에서도 히잡을 쓰기도 한다.

'터로프'와 '타기예'

'터로프'^{따뜻한 빈말}와 '타기예'^{하얀 거짓말}는 낯선 충격을 주는 대표적인 이란의 문화다.

별로 친하지도 않은 이란 사람을 오랜만에 만났는데 "난 네 곁을 맴돌고 있었어.", "널 보니 세상이 다 환해지네."라고 말한다. 이란 인은 '썸타는 남녀'의 밀어를 '생활 이란 어'로 쓰는 것이다.

구멍가게에서 물건을 골라 놓으면 주인 또는 점원은 "그냥 가져가라."^{이것은 돈 내고 가져갈 가치가 없다}고 할 때가 있다. 빌려 탄 자동차를 돌려주는데 "가져. 이 차 니 거야."라며 자동차 키를 받지 않으려는 시늉을 하기도 한다. 남의 집에 가서 어떤 물건에 관심을 표현하면 "선물로 줄게."라고 말해서 손님을 놀래키기도 한다.

집에 아줌마를 불러 청소를 시킨 적이 있었다. 일이 다 끝나서 이미 약속한 금액의 돈을 주었는데 "우리 사이에 뭘."이라며 손사래를 쳤다. 그렇게 돈을 받아 가더니 이틀 뒤 그녀를 소개시켜 준 이란 친구에게서 전화가 왔다.

"그 아줌마 청소하러 왔던 날 집이 멀어서 택시 타고 왔다 갔다 했대. 택시비 좀 챙겨 주면 좋겠는데?"

"추가 비용 들지 않게 그런 거 다 포함해서 일당을 정한 거였잖아!"

"주기 싫으면 안 줘도 되는데, 이란에서는 교통비를 따로 줄 때도 있어."

"그럴 거면 버스를 타야지 왜 택시를 탔대?"

터로프는 진정 '따뜻한 빈말', '그냥 해본 소리' 또는 일본의 '다테마에빈말'에 가깝다. 겉 다르고 속 다른 의례적인 예의(범절)를 뜻한다. 염치와 체면 문화의 한 단면이랄까. 속으로는 좋으면서 겉으로는 "아니 뭘 이런 것까지."라고 말한다. 그래 놓고 속으로는, 혹은 뒤에서는 제3자를 동원해 교통비를 따로 챙겨 달라고 요구하는 것이다.

터로프는 체면과 사양지심의 극치다. 적재적소에 사용하면 아름다운 미풍양속이다. 맛있는 반찬 앞에서 우리의 엄마들도 "입맛이 없어서……." 또는 "아까 먹었어."라고 말했었다. 이란 인이 터로프를 구사하면, 우리도 똑같이 되갚아 주면 된다. "이란 사람들이 세상에서 제일 친절한 것 같아요."

그런가 하면 자주 약속을 어기거나 금세 들킬 거짓말을 하는 이들이 꽤 많다고 느껴진다. 목숨을 부지하기 위해 잠시 자신의 신앙을 부정해도 된다는 '타기예'에서 비롯된 습관이라고도 한다.

예컨대 이슬람교도에게는 5대 의무가 있다. 그 하나가 성지메카 순례다. 소수파인 시아파 무슬림이 여행길에서 다수파인 수니파 무슬림에 둘러싸여 '사상 검증'을 요구받는다면 어떻게 해야 할까.

마치 6·25전쟁 때 낮밤으로 국군과 빨치산이 엎치락뒤치락

했던 지리산 깊은 산골에서 누군가가 집에서 잠자던 양민을 총으로 흔들어 깨우면서 전짓불로 눈을 비추며 "너 남쪽 편이야, 북쪽 편이야?"라고 묻는다면 뭐라고 대답해야 할까. 국민 모두가 '이승복 어린이'가 되어야 할까.

소수파인 시아파 무슬림의 종교 지도자들은 교인 모두가 순교자가 될 필요는 없다고 생각한 듯하다. 두개골 또는 심장을 열어서 보여 달라는 요구 자체가 신성 모독이므로 일단 다수파에 속한다고 거짓말을 해서라도 살아남는 게 낫다고 교리를 해석했다.

하지만 일상 속에서 거짓을 반복할 때, 외국인들은 "이란스럽다."라고 표현한다. 신뢰라는 이름의 사회적 자본이 축적되지 않아서 사업하기 참 힘든 나라라는 뜻이다. 타기에는 이란이 지닌 아픈 역사의 산물이다. 하지만 신앙 이외의 분야에서 쓰일 땐 불편한 문화 충격으로 다가온다.

단 하나의 키워드

가장 '이란다운' 단어는 '친절'이다. 그들에게 손님은 '신에게 사랑받는 자'다. 초상집이 잔칫집인 줄 알고 잘못 들어가도 "바람이 너를 데려왔구나."라며 환대한다. 드라마 〈대장금〉과 〈주몽〉의 나라에서 왔다고 하면 더욱 좋아한다.

너무 친절해서 탈일 때도 있다. 그들은 운전하면서 차창 너머

야즈드의 한 초등학교 담벼락에 그려진 낙타.

사막 도시 야즈드의 한 게스트하우스 담벼락에 그려진 낙타.

로 길을 묻고 답한다. 이런 일도 있었다. 아내가 다리 자상을 입고 응급실에서 상처를 꿰매고 있었다. 지나가던 환자 가족이 커튼을 열고 약국 위치를 물었다. 의사는 실과 바늘을 잠시 놓아 두고 두 손을 써 가며 열심히 위치를 가르쳐 주는 것이었다.

이란 여행을 할 때 여성 혼자서 낯선 길을 걷는 게 아니라면 대체로 안전하다. 말이 잘 통하지 않더라도 외국인에게 잘 보이고 싶어하고, 외국인을 잘 대해 주고 싶어하는 사람들로 가득하다. 도움이 필요할 때 먼저 용기를 내면 이란 인의 친절을 금세 확인할 수 있다.

2

야즈드 *Yazd*

: 살기 위해 '발명'한 물과 종교

사막에 사는 이유

있는 것이라고는 모래뿐. 지평선 끝까지 모래뿐이고, 지평선 밖으로도 모래뿐이다. 집과 마을도 언덕과 산과 동색同色이다. 자연의 영향력이 압도적일 때 문명은 순응 이외에는 도리가 없다.

테헤란 남쪽 650㎞ 지점에 있는 야즈드는 지표면이 얇아 여름에 70도까지 오르는 일명 '미친 사막'소금 사막과 또 다른 모래 사막 사이에 낀 갈색 도시다. 모래로 집을 짓고 모래로 담벼락을 세웠으며 모래로 사원을 지었다.

일년 내내 하루 종일 건조한 사막강수량 연 250㎜ 이하이며, 증발량이 강수량보다 많은 지역뿐인데, 야즈드는 어처구니없게도 지구에서 가장 오래된 도시의 하나이다. 약 1만 년 전부터 사람이 살았다고 한다. 누군가에게 그곳은 천형天刑의 환경이겠지만, 똑같은 이유로 누구에겐가는 가장 안전한 땅이었다. 내가 힘들면 남도 힘든 것이다. 몽골의 침입 땐 예술가와 지식인들이 숨어들었다고도 한다.

야즈드는 또한 국토의 중앙에 자리한 덕분에 모든 길이 만났다가 흩어지는 교통의 요지였다. 중세에는 실크로드 대상隊商들의 집결지였다. 지금도 이란의 네 번째 대도시로 50여 개 마을에서 1백만 명이 산다. 살아남기 위해 부지런히 일하는 순한 사람들인 것 같다. 이란에서 경제적으로나 문화적으로 꽤 평판이 좋은 지방이다.

여행객은 단순한 삶과 단색의 풍광을 즐기러 거기로 간다. 5성급 호텔도 시들해질 때, 수억 성星 은하수 이불을 덮고 자려고 가는 곳이다. '죽기 전에 가야 할 세계 휴양지'의 하나로 꼽힌다. 별명이 '사막의 진주'다.

하지만 여행과 삶은 다르다. 그곳 사람들은 "사막에서는 양 떼도 불쌍해요."라고 말한다. 사막의 양 떼는 온종일 체력을 소진해서 하루하루 먹고사는 날품팔이의 삶을 살기 때문이다. 아무리 사막에 적응하고 사막에 동화된 유전자를 물려받았다 해도, 생존을 위한 고통의 총량이 선대先代에 비해 감소하는 것이 아니라 고스란히 반복되는 것이다.

매년 자기 몸을 때려 대양을 왕복하는 철새, 건기와 우기 사이에 물을 찾아 대륙을 횡단하는 아프리카 초원의 동물 떼, 혹한의 추위 속에서 새끼를 낳고 먹이를 사냥하는 남극의 펭귄도 마찬가지다. 어떤 마라토너도 뛸 때마다 '데드 포인트'를 이겨 내야 완주할 수 있다. 삶은 숙명으로부터 자유로울 수 없다.

고향을 떠나 테헤란에서 사는 젊은 여성에게 물은 적이 있었다. 가족이 있는 고향이 '헬 테헤란'에서의 타향살이보다 낫지 않

석양 속의 사막 도시 야즈드의 실루엣. 멀리 언덕 위에 오른 두 사람은 사막에서의 일몰을
지켜보고 있으리라.

느냐고. 테헤란은 살인적인 물가, 교통사고, 그리고 대기 오염으로 숨만 쉬고 살아도 하루하루 수명이 단축되는 듯한 느낌을 주는 도시가 됐다.

그 아가씨는 별 고민없이 대답했다.

"야즈드는 너무 건조해서 피부에 안 좋아요."

'미용이 생존에 선행하는' 어떤 여성에게조차 사막에서의 삶은 어려운 것이구나. 온몸을 베일로 뒤집어씌워도 여자의 미모 본능이 감소되는 게 아닌 듯하다.

이 땅에 살기 위하여

물 없이 인간은 하루도 살 수 없다는 사실을 태생적인 '물 부족 국가'는 여실히 보여 준다. 사막에서는 물이 생명이요, 강이 정의正義다. 정의가 강물처럼 흐르는 게 아니라 흐르는 강물이 정의다. 페르시아의 고대 도시들 역시 인류 문명의 발상지들처럼 강을 탯줄 삼아 태어났다.

높고 깊은 산맥에서 발원한 천 갈래 만 갈래 물줄기가 뜨거운 태양과 건조한 대기에 의한 증발을 이겨내는 경우는 어떤 것일까.

우선은 수량이 증발량보다 풍부해야 하고, 그런 지류들이 합체해서 아프리카의 나일 강처럼 규모를 유지해야 할 것이다. 강 양안에 밀과 양과 사람과 마을을 허락하려면 아무리 퍼내도 마르지 않는 넉넉한 수량이 필수적이다.

둘째는 만년 설산의 눈이 녹아 땅속으로 흐르다가 지하의 거대한 저수지에 고이는 경우다. 우물을 파거나, 중력과 기울기를 이용해 지하 수로를 만들면 인공 낙원을 조성할 수 있다.

마지막으로 오아시스다. 땅속을 흐르던 물이 지표면 밖으로 샘솟으면, 그 주변에 풀과 꽃과 나무가 자라고 마을이 생길 수 있다. 과거 페르시아 제국을 거미줄처럼 연결했던 '왕의 길'은 약 2,700km였는데, 약 25km마다 총 111개의 휴게소여관과 파발가 있었다고 하며 그곳들이 주로 오아시스 마을이었다. 낙타는 하루 평균 25km씩 걸었던 셈이다. 그때 파발마는 릴레이 방식으로 불철주야로 열흘 만에 '땅끝'까지 황제의 명령을 논스톱으로 배달했다.

물과 페르시아

이란 지역의 첫 중앙 집권적 국가였던 엘람 왕국BC 3000~BC 639은 자그로스 산맥에서 발원해 페르시아 만으로 흘러들어가는 장장 950km 길이의 커룬 강이 낳은 것이다.

그 왕국에서 가장 인기 있었던 신은 물의 여신아나히타이었다. 그들은 죽은 자를 매장할 때 물동이를 함께 묻어 주었고, 밖에서 무덤으로 통하는 수로를 만들었다. 그들에게는 죽어서도 필요한

야즈드의 한 호텔 식당 문에 그려진 유리 그림. 사람 크기의 물 항아리 앞에 무릎꿇은 사람의 모습이 인상적이다. 사막에서는 물이 생명이요, 정의이기 때문일 것이다.

건 노잣돈보다 물이었다.

전쟁에서도 물 보급이 관건이었다. 고대 페르시아 제국의 키루스 황제는 여덟 마리 백마가 이끄는 태양신의 수레를 타고 출정했는데, 꼭 '아리수'수도의 강물만 끓여 마셨다.

이집트 원정 때 수백만 대군은 사막에서 어떻게 물을 구했을까. 헤로도토스의 『역사』에 따르면, 페르시아 대군이 사막을 건널 때 강과 오아시스는 다 바닥을 드러냈다. 유목 부족들과 맺어 둔 협약을 통해 낙타 가죽으로 만든 물 주머니를 계속 보급받기도 했다. 파이프라인을 만들었다는 설도 있다. 소와 낙타 가죽을 이어 붙여 먼 곳의 강물을 끌고 갔다는 것인데, 헤로도토스도 '카더라 통신'이라며 소개하고 있다.

그런가 하면 페르시아 인은 궁궐이나 저택을 지을 때 그들의 이상향을 구현한 정원을 만드는데, 그 중심은 역시 연못과 분수대다.

중세 때 '세상의 절반'이었던 도시 이스파한 역시 중부 고원 지대를 흐르는 자얀데 강을 탯줄로 삼아 탄생했다. 이스파한 사람들은 강에 운하와 댐을 만들었고, 사막으로 물을 공급해서 물레방아를 돌리고 농사를 지었다.

요즘 테헤란 사람들에게는 수영장 있는 집이 그들의 '로망'이다. 어지간한 규모의 아파트와 저택에는 수영장이 있다. 테헤란에서는 가끔 물 부족으로 단수가 되는데, 많은 시민들은 부잣집을 원망하기도 한다. 부자들이 수영을 즐기느라 가난한 사람들이 먹을 물이 부족하다는 불만이다.

실제 내가 살던 8층 아파트의 지하에도 다이빙까지 가능했던 크고 깊은 수영장이 있었다. 그것도 모자라 정원에는 지하수를 퍼올리는 펌프가 있었다. 일하는 사람들은 모터를 돌려 매일 정원에 물 주고 마당을 물청소했으며, 주인집 소유의 서너 대 차량을 틈틈이 세차했다. 다만 지하수가 메말라 가는지 매년 여름이 되기 전에 더 깊이 파들어 가는 공사를 했다.

이란에는 바다페르시아 만와 호수카스피 해도 있지만, 거기 역시 물보다 석유와 가스가 더 많은 것 같다. 물값과 기름값이 비슷할 수밖에 없겠다.

캐비어철갑상어 알의 주산지인 카스피 해는 현재 5개국이란 · 러시아 · 카자흐스탄 · 투르크메니스탄 · 아제르바이잔이 나눠 갖고 있으며, '호수냐, 바다냐'라는 영유권 논쟁으로 뜨겁다.

러시아는 카스피 해를 바다라 한다. 이란은 그것을 호수라 한다. 그게 호수라면 5개 나라가 똑같이 호수의 20%씩 차지하게 된다. 카스피 해가 바다라면, 이란은 국경과 접한 면적의 비율에 따라 13%만 차지하게 된다.

카스피 해는 수천 년간 페르시아의 내해內海였다. 카스피 해를 둘러싼 나라들이 왕년엔 다 페르시아 땅이었던 것이다. 근대 이후 러시아와 사이좋게(?) 반반씩 나눠 갖게 되었다. 그들의 후예인 이란은 카스피 해의 20%만이라도 차지하기 위해 국제법을 다투고 있다.

인공 수로의 발명

사막 도시 야즈드에 물이 없는 게 아니다. 다만 보이지 않을 뿐이다. 지표면에 물이 고이는 속도보다 증발 속도가 빠르면 시냇물이 생길 수 없다. 이때는 땅속에서 물을 찾아내거나, 증발을 막을 수 있는 땅속으로 물길을 내야 하는 것이다. 페르시아 인들은 지하 인공 수로인 '카나트'를 개발했다.

야즈드에 처음 정착한 사람들은 누구였을까. 오다 가다 오아시스가 있는 곳을 알아낸 사람이었을 수 있다. 아니면 대책없이 헤매다 낙타가 킁킁거리며 푸른 물 냄새를 맡아 땅을 팠는데, 거기에 고인 물을 함께 마신 유목민이었을 수도 있겠다.

그들은 약 오천 년 전부터 지하 수로를 만들었다고 한다. 지하 수로의 총 연장은 2,663㎞에 이른다. 첫 단계는 수원을 찾는 일이다. 일년 내내 여우비 한두 번 몸에 적신 딱딱한 흙을 맨손과 손톱이나 다름없는 꼬챙이와 삽 같은 영세한 도구로 팠을 것이다.

수직 갱도를 파내 '모정'mother well을 확인한 다음 수량을 측정했다. 금세 마를 지하수인지, 아니면 암반 위의 저수지처럼 땅속으로 스미지 않고 계속 고이면서 흘러갈 물인지를 파악했다.

믿거나 말거나 350m 깊이의 우물에서 시작한 수로도 있다고 하고, 어떤 것은 지하 20m의 모정에서 출발했는데 50㎞ 떨어진 마을까지 이어졌다고도 한다. 수평에 가까운 경사1,000~1,500분의 1의 경사도를 유지해서 물을 멀리까지 보낸 것이었다. 물이 지상에 노출되는 구간이 생기면, 돌을 편편하게 깎아 덮개를 씌워 증발을 줄였다.

경사도가 조금만 잘못돼도 물이 고이거나, 흐르는 물이 흙을 깎아내렸을 것이다. 시멘트도 없이 터널 천장과 벽에서 떨어지는 진흙·모래·돌이 물길을 막지 않도록 어떻게 마감했는지는 모르겠다. 하자가 생겼을 때 어떻게 수리를 했는지도 가늠되지 않는다.

숙련된 기술자는 관개가 필요한 또 다른 건조 지역으로 가서 많은 돈을 벌었다고 한다. 페르시아 관개법이 아프리카를 포함해 중동 전체로 확산됐다.

각 마을의 물 저장소는 우리의 빨래터처럼 아낙들의 사교장이었을 것이다. 이제 제기능을 하는 카나트를 찾아볼 수 없다. 마을의 물 저장소는 다 흙먼지 쌓인 구덩이에 불과하다. 여기저기에 댐이나 인공 호수를 만들다 보니 지하 수맥들이 말라 버린 듯하다. 집집마다 수돗물이 졸졸 나온다.

야즈드를 대표하는 스카이라인은 바람탑이다. 지붕 꼭대기에 얹은 큰 굴뚝처럼 보이는 게 바람탑인데, 살인 더위를 식히기 위해 실낱 같은 바람이라도 포집해서 지하 방으로 보내 주는 천연 에어컨 시설이다.

바람탑의 벽면을 타고 내려온 미세한 바람은 집 안을 관통하는 지하 수로 위를 물찬 제비처럼 스쳐 간다. 한 줄기 시원한 바람이 실내를 한 바퀴 돌면서 더위를 식혀 준 뒤 다시 더운 공기가 되어 바람탑을 타고 올라 집 밖으로 배출된다.

야즈드의 권력자는 이런 방식으로 여름에 얼음을 둥둥 띄운 수박 화채를 먹었다. 한겨울 고원의 산속에서 끌고 온 큰 얼음을 지하 수로가 통과하는 저장고에 냉장 보관하는 것이다. 야즈드는 바람 한 점, 물 한 방울까지 알뜰히 활용한다.

지금 남아 있는 바람탑은 이제 흔적에 불과하다. 집집마다 한국산 에어컨을 달고 산다.

지붕 꼭대기의 바람탑. 실낱 같은 바람을 포집해 집 안으로 들여 놓으려는 고투의 산물이다. 삐죽삐죽 튀어나온 막대기는 지진을 대비해 박아 놓은 것이다.

야즈드 입성 직전에 과거 카라반낙타로 오아시스를 연결하던 상인들이 묵던 전통 호텔카라반사라이, 일명 실크로드 호텔에 들러 차 한 잔 마실 일이다. 천 년 하고도 수백 년 전 사막 한복판에 자리했던 호텔 치고는 꽤 규모가 크다.

대규모 대상은 270kg의 짐을 실은 낙타 1,000~5,000마리를 끌고 다녔다고 한다. 그 숫자의 상인과 낙타를 재울 수 있는 초대형 숙소가 사막에 점점이 박혀 있었던 것이고, 그곳은 오아시스 마을이었을 것이다.

전통 호텔에서는 카펫에 퍼질러 앉아 음식을 먹게 된다. 쿠션에 비스듬히 기댄 채 차를 마시면 피로가 몰려와 한숨 자고 싶은 마음이 절로 인다.

십수 년 전 홍대 앞에 페르시아풍 카페가 있었다. 카페에 앉아 두 다리를 쭉 뻗은 채 쿠션에 기대어 마약쟁이의 퇴폐적인 포즈로 물담배를 즐기곤 했다. 예수와 열두 제자 역시 경건하게, 그러나 자세는 삐딱하게 최후의 빵과 포도주를 먹지 않았을까.

해가 저물면 옛 마을을 산책할 시간이다. 굽거나 말린 벽돌로 지은 집과 담벼락이 달빛과 별빛을 수줍게 받아 낸다. 그 질감이 안식과 평화를 준다.

세상 도처의 첫 집들은 그렇게 기후 조건과 토양을 닮았을 것이다. 콩 심은 데 콩 나듯, 모래 벽돌로 만든 마을은 모래색이다.

야즈드의 집들은 풍화 작용에 따라 먼지처럼 부서질지언정, 회반죽처럼 물러져 흘러내리지 않는 것 같았다. 비가 벽돌에 닿기 전에 공중에서 증발되거나, 적은 강우가 오히려 집과 벽을 더 굳게 만들어 주는 것일지도 모른다. 1만 년 전 야즈드 사람들의 숨소리가 들릴 것만 같다.

딴 생각 좀 하려고 하면 그 좁은 골목길을 우주선의 속도와 굉음으로 오토바이들이 지나간다. 그 '레이서'들이 야즈드도 이란이라는 현실을 일깨워 준다.

자라투스트라, 인류 최초의 스승

현세의 삶이 어려울수록 내세의 보장성 보험이 필요했을 것이다. '인류 최초의 스승'이 나타나 험지에서 고단한 삶을 살아 가던 인류를 위로해 주었다.

아리안 족을 포함해 페르시아 땅에 살던 여러 족속들은 다신교를 믿었을 것이다. 그들은 아브라함과 마찬가지로 가장 소중한 것을 신에게 바치는 희생 제의도 거행했다.

페르시아 땅에서 그 제사장은 '자오타르스'신성한 술을 붓는 자였고, 그 밑 부제副祭는 '신성한 불을 지키는 자'였으며, 하위 성직자들은 '마술과 불멸에 대한 지식이 있는 자'였다고 한다.

조로아스터교의 사제 '마기'영어 '매직'의 어원이 된 말는 그런 전통에서 생겨났을 것이다. 마기들은 동방박사아기 예수의 탄생을 경배하기 위해 동쪽에서 찾아간 현인들의 원조로 점성술사를 겸했을 것이다.

자라투스트라낙타를 잘 다루는 사람, 그리스 어로 '조로아스터'는 자오타르스 계급에서 태어나 7세 때부터 성직자 교육을 받았을 것으로 추정된다. 성인 취급을 받은 15세 이후에도 스스로 수행에 전념하면서 빈민들과 함께 살았다. 30세 때 신비한 힘에 이끌려 강 깊은 곳에 들어갔다 나오면서 문득 깨달았다. 그는 아후라 마즈다에게 사명을 받아 40세부터 적극적인 포교에 나섰다.

그는 다른 예언자들처럼 동족들로부터 고난과 핍박을 받았다. 도를 전하기 위해 천하를 주유했지만 반응이 신통치 않았다. 그러던 중 페르시아 동부에서 여러 부족을 정복하면서 제국을 꿈꾸던 어느 왕을 개종시키면서 일대 전환기를 맞았다. 47세 때 왕사王師의 딸과 세 번째 결혼을 하며 드디어 교세를 페르시아 전역으로 확장시켰다. 향년 77세.

그는 위대한 종교 개혁가였다. 일신교의 창시자였고, 인류 최초로 동물 희생 제의를 악으로 여기는 등 미신과 마법과 악마를 멀리했다. 마약을 먹은 환각 상태에서 치러지던 제사 관습을 없애고, 멀쩡한 제정신으로 신을 만나고자 했다.

자라투스트라의 출현으로 신화 시대가 끝나고 역사 시대로 들어섰다고 하면 어떨까. 그는 지각 변동이었다. 상고사와 지질이

다른 고대사를 출발시켰다. 페르시아가 인류에게 선물한 최대의
선물이었다.

자라투스트라에 따르면, 새 모양을 한 최고의 신 '아후라 마즈
다'지혜의 신가 세상과 인간을 창조했다. 그에게 쌍둥이 아들이 있
었다. 각각 선과 악의 화신이었다. 그 둘은 맨날 싸웠다. 그러다
보니 세상이 선과 악으로 뒤섞이고 인간도 두 편으로 나뉘어 맨
날 싸웠다. 인간은 그의 자유 의지에 의해 선과 악 어느 쪽이든
편들 수 있었다.

인간의 영혼은 사후에 '심판자의 다리'에서 심판을 받았다. 이
때 선을 따른 자는 천국에, 악을 따른 자는 지옥으로 보내졌다.

자라투스트라는 이른바 고등 종교의 교리인 이원론적 일신론
유일신 사상, 선악을 선택하는 자유 의지, 메시아가 오리라는 종말
론, 부활론, 구원론, 천사와 악마 같은 관념과 교리를 발명하거
나 집대성한 것이다.

바빌로니아에 망한 유대 사람들의 일부는 페르시아에서 난민
으로 떠돌았는데, 이들이 조로아스터교의 선진적인 신학을 흡수
해서 훗날 고향으로 돌아가 유대교 교리를 살찌웠을 것이었다.
불교와 기독교, 그리고 이슬람교에서도 조로아스터교의 흔적을
찾아내기란 어렵지 않다.

바빌론 유수 전BC 586의 구약에는 없던 조로아스터의 발명품들
'악마', '부활', '천당과 지옥', '최후의 심판' 등이 유수 후BC 538의 구약에 나타

'불의 사원' 외벽 꼭대기에 붙어 있는 조로아스터교 최고신 아후라 마즈다 상像. 왼손에 절대 권력을 상징하는 링을 들고 있다. 훗날 페르시아 제국의 왕중왕들은 왕권신수설을 주장하면서 저 링을 당당하게 한 손으로 받는 모습을 바위에 새겨 넣게 된다.

'불의 사원' 외벽에 새겨진 아후라 마즈다의 모습.

『자라투스트라는 이렇게 말했다』의 주인공 조로아스터 존영. '불의 사원' 내부에 전시된 상상도를 촬영한 것이다.

나기 시작했다는 것이다.

또한 조로아스터 이후 예수까지 약 5세기 동안 노자·공자·석가모니·소크라테스 등 인류 최대의 현인들이 거의 동시 다발적으로 세상에 나왔다. 인류 영혼의 빅뱅이자 불꽃놀이는 조로아스터라는 거인의 어깨 위에서 또 다른 거인들이 무등을 타고 생겨난 게 아닐까.

페르시아 제국과 조로아스터교는 서로 필요한 존재이기도 했다. 황제는 신에게 보증서를 받은 대리인^{왕권신수}이었고, 종교는 제국과 함께 '땅 끝까지' 뻗어 나갈 수 있었다.

기도하는 조로아스터 교도. '불의 사원' 내부에 전시된 사진을 다시 찍은 것이다.

조로아스터교는 저항 세력이 기득권 세력에게 반기를 드는 역모의 논리를 제공하기도 했다. 선악 이분법에 따라 기존의 권력을 악의 화신이라고 낙인 찍은 뒤, 아후라 마즈다의 이름으로 '선한 백성들이여, 투쟁하자'고 선동할 여지도 있는 것이었다.

먼훗날 이란에서 시아파가 탄생하고, 더 먼훗날 이슬람 혁명이 일어났다. 페르시아는 '변방의 오랑캐'였던 아랍에게 정복당했고, 13세기에 이르러 거의 모든 페르시아 인은 무슬림이 되었다. 그러면서도 페르시아는 '남들과 다른 이슬람'을 만들어 냈다. 시아파 이슬람은 페르시아 이슬람의 다른 이름일 것이며, 조로아스터교의 영향이 짙은 이슬람이다.

조장터 '침묵의 탑'

야즈드는 조로아스터교의 성지聖地다. '불의 신전'과 조장터인 '침묵의 탑'이 있다. 불의 신전에는 꺼지지 않고 타는 불이 있다. 땅속 틈새로 새어 나온 천연 가스가 점화된 상태로 수백 년간 이어졌으리라는 '미확인 소문'도 있다.

조로아스터교에서는 사람이 죽으면 조장鳥葬을 했다. 두 붉은 산 정상에 망루처럼 세워진 침묵의 탑이 조장터다. 흙먼지 날리는 가파른 민둥산 길을 오른다. 정상에 이르면 지금은 거의 메워진 구덩이가 있다.

페르시아 사람들이 죽어서야 오를 수 있는 곳

야즈드의 모래 언덕 석회석 사구砂丘에

두 개의 봉우리 침묵의 탑이 있다

한 봉우리엔 여자의 시신이

한 봉우리엔 남자의 시신만 오르는

조로아스터교의 장례식 날

망자의 사체를 깨끗이 씻어

향유를 바르면

하늘에 떠도는 수십 마리의 독수리 떼

망자의 살과 피는 새들의 만찬

새들은 다투어 망자의 영혼을 이고 날아간다

새 떼와 함께

망자의 영혼은 아득히 하늘에 오르고

페르시아 사람들

그날이 저물기 전에

슬픔을 가슴에 파묻는다

멈추어라 바람이여

황량한 야즈드의 침묵의 탑 위에 서서

나는 오늘

이승에서 삶의 길을 묻는 시인 나그네

　　—김종해, 「조장」 부분

야즈드의 조장터 전경. 왼쪽 높은 것이 남성용, 오른쪽이 여성용 조장터라고 한다. 망자의 육체는 독수리 밥이 되어 석양 너머 영원히 자유로운 곳으로 날아갈 것이며, 악과 투쟁한 선한 영혼은 천당으로 가게 된다.

망자의 육체를 독수리에게 내어 주었던 조장터 꼭대기의
구멍. 과거엔 꽤 깊었으나 지금은 얕은 돌 웅덩이에 불과
하다.

조장터 앞 모래 진흙 토굴. 때로 지진에 의해 무너질지언
정 비를 맞아 진흙으로 흘러내리지는 않는다.

시신을 놓아 두면 독수리가 쪼아 먹고 발라 먹는다. 이때 누군가는 독수리가 어디를 먼저 파 먹는지 관찰해야 한다. 오른쪽 눈을 먹으면, 그는 천당 간다. 독수리가 왼쪽 눈을 먹으면?

"애도식은 죽은 영혼이 물질 세계와 영적인 세계의 경계인 다리에 도착하기까지 나흘간 진행된다. 그 다리에 도착하면 삶을 정의롭게 잘 살았던 영혼은 아름다운 처녀를 만나고 그렇지 않으면 추한 노파를 만난다. 이 둘은 하나인데, 다에나영적인 쌍둥이라고 한다. 죽은 자의 영혼은 이 다리를 건너기 전이든 후이든

이란 인들은 죽어서 신에게 심판을 받으며, 그 후에 천국 혹은 지옥에 가게 된다고 믿었다.

자신이 살아 있을 동안 행한 행동을 볼 수 있다. 이들은 죽어서 신에게 심판을 받으며, 그 후에 천국 혹은 지옥으로 가게 된다고 믿었다."(유흥태, 『페르시아의 종교』)

시신을 두었던 구덩이에 몸을 눕혀 본다. 우리도 관 속에 들어가고 미리 유언장을 쓰는 행사도 있지 않은가. 죽음을 삶 옆에 두고 살면 '차카게 살자'는 선한 마음이 한껏 생긴다. 독수리 떼가 완전히 발라 먹고 남은 뼈는 태양 아래 희고 깨끗하며 번쩍거렸을 것이다.

그때만큼은 살아 있는 모든 것들이, 그것이 악마라 할지라도, 천국에 가기를 기도하게 된다. 살아서 지옥인데 죽어서는 다 천국에 가기를. 배 채운 독수리가 석양 속으로 들어가 망자의 영혼을 자유케 하기를.

조장은 1949년 금지됐다. 조장터 인근에는 소수의 조로아스터 교도들이 그들 조상이 쓰던 언어의 악센트로 말하면서 살고 있다고 한다.

3

수사 *Susa*

: 고대 페르시아의 '세계사 박물관'

환상의 복식조, 쌍둥이 형제의 문명

1만 년 전쯤, 비옥한 초승달 지역_{이하 '초승달'} 사람들은 강기슭에서 갈대와 함께 흔들리던 야생 식물인 밀과 보리를 '들에서 키워 먹는' 식량으로 재탄생시켰다. 초승달 사람들은 이어 산짐승이던 양·돼지·소를 '집에서 키워 먹는' 가축으로 변모시켰다.

초승달의 밀과 보리 재배는 금세_{1,000년 이내} 산맥 하나를 넘어 지금의 이란 지방으로 전파됐다. 아울러 이란의 산기슭에서는 염소를 가축으로 만드는 데 성공했다.

가축화된 세계 5대 대형 포유류 중 4종이 그 동네 출신인 것이다. 나머지 하나인 개는 중국 남쪽이나 동남아 지역에서 처음으로 인간의 집에서 사는 짐승이 됐다.

작물화와 가축화는 인류사의 제1차 혁명인 농업 생산 혁명을 뜻했다. 도시와 문명이 생겼다.

뭘 심어도 잘 자라는 초승달에는 그러나 부족한 게 있었다. 신전과 왕궁에 기둥으로 쓸 돌, 서까래와 지붕에 쓰일 목재, 기념비적 건축물을 장식할 금속류, 그리고 금·은·동과 보석류 등이 모자랐다. 먹을 거 빼고는 변변한 게 없었다.

이란 고원은 반대였다. 강우량이 적어 농업 생산성이 낮았다. 게다가 너무 많은 염소를 방목했다. 식물이 자라는 속도가 파괴 속도를 따라가지 못해 벌판이 사막으로 변하는 '생태학적 자살'을 저질렀다. 대신 이란 고원에는 돌과 나무와 금속류가 풍부했다. (제레드 다이아몬드, 『총·균·쇠』)

길 위의 문명

카스피 해 남쪽에는 자그로스 산맥과 엘보르즈 산맥 사이의 이란 고원이 있는데, 태곳적에 이 땅의 주인이 누구였는지는 불확실하다. 다만 초승달과 이란 고원의 문명은 서로 부족한 것을 상쇄할 수 있는 '쌍둥이 형제로서 동시에 탄생'했다.

고원 여기저기에 여러 부족이 산재했으나, 셈 족아랍 인과 유대인 등 계열의 국가인 엘람 왕국BC 3000~BC 639은 메소포타미아의 아시리아와 경쟁했다. 기원전 12세기쯤에는 고대 바빌로니아의 함무라비 법전 비석을 빼앗아 올 만큼 엘람 왕국은 이 지역의 최대 맹주가 됐다.

이란 고원의 첫 국가인 엘람 왕국의 수도였던 수사는 강과 바다와 초승달에서 가까웠다. 엘람 인은 유프라테스 강을 따라 인류 최초의 선진 문명이었던 초승달을 오갔을 터이다. 또한 윗바다지중해와 아랫바다페르시아 만 사이의 육로를 개척해서 당시로서는 그들이 아는 '전 세계'를 상대로 무역을 해서 부를 쌓았다.

엘람 왕국은 '길 위의 문명'이었다. 그 '길'은 단지 사막 속 육로 뿐만이 아니었다. 엘람은 강과 바닷길을 이용해 거침없이 사람과 물자와 문명을 주고받았다. 사막의 끝에는 바다가 있었던 것이다.

한편으론 춥고 배고프며 용맹한 유목민인 아리안 족이 카스피해 북쪽 중앙아시아에서 말을 타고 내려와 파르스 지역현재의 시라즈 지역에 뿌리내렸다. 아리안 족은 여러 방향으로 찢어졌다. 동쪽으로는 지금의 인도, 서쪽으로 독일과 아일랜드, 남쪽으로 이란 인의 시조가 되었다고 한다.

엘람 왕국의 '바벨탑'

나는 두 해에 걸쳐 수사에 갔다. 각각 5월과 7월이었는데, 냉방 버스에서 내리자마자 찜질방의 열기가 폐부 깊숙이 스며들었다. 페르시아 제국이 수사에 만든 궁궐을 겨울 궁으로 사용한 이유를 알 것 같았다.

이란 내륙은 기온이 높아도 건조해서 그늘로 숨으면 후텁지근한 서울보다 시원한 편이다. 테헤란 거주 한국인들이 서울로 여름 휴가를 갔다 와서는 "테헤란으로 피서를 왔다."고 말할 정도다. 하지만 수사는 강과 바다 근처라서 습식 사우나를 방불했

는데, 밤공기는 과열된 헤어 드라이기가 뿜어 내는 열파熱波 같
았다.

그럼에도 수사에 가는 첫 번째 이유는 초가 잔빌광주리 언덕 마
을에 있는 지구라트산꼭대기를 보기 위해서다. 지구라트는 초승
달 문명권의 피라미드다. 바벨탑은 바빌론에 쌓은 피라미드인
것이다.

초가 잔빌 지구라트는 중동에서 발견된 30여 개 중 오래되고,
규모가 크며, 형체가 잘 남아 있는 편이라 한다. 근대 유럽 인들
이 모래에 잠긴 스핑크스를 '발굴'했듯이, 초가 잔빌 지구라트 역
시 경비행기를 타고 유전을 탐사하러 가던 프랑스 인들이 발견
해서 프랑스 고고학 팀이 1951~1962년 발굴했다고 한다.

유네스코 세계문화유산에 따르면, 초가 잔빌 지구라트를 중심
으로 신성한 종교 도시가 있었다고 한다. 50㎞ 밖 저수지에서 물
을 끌어다 쓴 수로도 발견됐다. 지하층에 몇 개의 둥근 무덤이
있었는데, 이는 화장 풍습의 소산이었다. 아시리아 인에 의해 파
괴된 두상, 작은 조각상, 동물과 부적, 상아 모자이크 장식판 등
이 발굴됐다. 지구라트의 '사천왕'인 사자와 수소 상像은 3,000년
세월의 풍화 속에서 형체를 알아보기 힘들 만큼 뭉개졌다.

신전은 본래 한 변의 길이 105m, 높이 60m인 정사각뿔 모양이
었다는데 지금은 25m 높이까지만 남아 있다. 바벨탑이 그랬듯
나머지 높이는 신이 무너뜨렸을 것만 같다. 왜냐하면 이것을 만

초가 잔빌 마을에 있는 지구라트 원경(위)과 전경(아래). 지구라트는 메소포타미아 문명권의 피라미드다. 그러므로 바벨탑은 바빌로니아에 세워진 지구라트다.

든 사람들이 사용한 엘람 어는 세상 어디에도 족보가 없는 '고립어'여서 다른 언어와 소통이 불가능하기 때문이다.

　남북 방향으로 출입구와 지구라트 꼭대기에 오르는 계단이 있었던 것 같다. 그리고 지구라트 팔방에 걸쳐 여러 신을 두루 모셨던 신전터가 있다. 여신 '피니키르'를 모셨던 신전터는 출입구 초입에 자리한다. 엘람은 모계 사회였고, 피니키르는 물의 여신이므로 엘람 인들에게 가장 중요한 신이었을 것이다.

　동쪽에는 '아다드와 샤라 부부 신전' 터가 있다. 그 부부는 천둥번개와 물의 신이었다. 엄부자모랄까. 엘람 인에게는 매로 다스리는 아버지, 눈물 흘리는 어머니 역할을 맡았던 것 같다.

　지구라트 내부의 계단을 올라갔다. 벽과 담과 기둥을 구성하고

지구라트 곳곳의 모래 벽돌에 새겨져 있는 쐐기문자. 지구라트에 강림한 신에게 꼭 하고 싶은 말을 적었을 것이다.

신에게 이르는 문과 계단. 입구 상단의 반달형 아치는 아치 양식의 한 기원일
것이다. 이란의 일부 학자는 최초의 돔 양식이 이란에서 비롯됐다고 주장한다.

있는 벽돌에 쐐기문자가 새겨져 있었다. 그때가 우리의 단군 할아버지 시절이다. 문맹에게는 쐐기 모양의 그림이지만, 그 문장들은 엘람 인들이 신에게 꼭 드리고 싶었던 말을 담았을 것이다.

문자는 '어린 백성'을 어여삐 여겨서가 아니라 국왕이 신에게 드리고 싶은 말씀을 전하기 위해 발명된 게 아닐까. 신이 한 귀로 흘릴까 봐 똑똑히 보라고 메시지를 벽돌에 새겨 놓았다.

2012년 처음 갔을 때 그곳 관리인이 지구라트 내부로 들어가도 된다고 해서 유네스코 세계문화유산 속을 거닐었지만, 과연 그래도 되는 것인지 한편으로는 매우 불편하고 두려웠다. 이듬해 갔을 땐 출입 금지 팻말과 금줄이 지구라트 전체를 둘러싸고 있어서 아주 다행스러웠다. 덕분에 봉인 직전에 성물聖物을 어루만진 결사단원의 비밀스런 뿌듯함을 간직하게 되었다.

희생 제의

지금은 무너져 없어진 지구라트 꼭대기는 신의 놀이터였을 것이다. 거기서 여 제사장은 신들에게 소와 양, 때로는 전쟁 포로나 선남선녀를 희생 제물로 바쳤을 것이다. 아리안 족이 들이닥치기 전 엘람 왕국은 모계 사회였다.

희생 제의는 엘람 왕국의 다신교뿐 아니라 거의 모든 원시 종교의 축제이기도 했다. 인류의 영적 스승들이 '인간은 동물과 좀

지구라트를 지키던 황소. 현재 이란 국립 박물관에 전시되고 있다.

고대 이란의 여신들. 가슴과 몸매가 드러나 있다. 영국국립박물관
이나 루브르박물관의 페르시아 전시실에서 촬영한 듯하다.

다르다'는 깨달음을 설파하면서 인간을 바치는 제사가 사라지기 시작했다.

이란으로 온 아리안 족에게는 천지창조 이전에 물_{카스피 해, 어머니 몸속의 양수}이 있었다. 신목_{하늘 오르는 거목}은 알보르즈 산맥에 뿌리박고 있었다. 유목민족답게 최초의 피조물은 황소였을 것이다. 황소의 피와 정액이 하늘의 별이 되었다. 황소를 태우는 희생 제의는 곧 천지창조의 재생이었다. 몸을 정화해서 하늘로 들어가자는 관념은 장차 조로아스터교의 조장 풍습으로 이어질 것이었다.

조로아스터는 그러나 '산 사람 잡지 말자'면서 희생 제의에 대한 대안을 내놨다. 좋은 생각과 말과 행위, 그리고 악에 저항하는 투쟁을 통해 선한 신이 승리할 수 있도록 인간이 힘써야 한다는 것이었다.

석가모니는 인도 아리안 족이 만들어 낸 카스트 제도를 포함한 거의 모든 전통과 결별하고자 했던 개혁가였다. 그는 인도 브라만교의 경전인 『베다』_{희생 제의 때 사용된 기도문이자 찬송가}와는 다르게 '살생하지 말라'고 가르쳤다.

고대 중국은 '희생 제의를 근간으로 한 사회'다. 종교 종宗자를 비롯해 제사祭祀와 관련된 말에 들어간 '보일 시示'는 '제단丁 위 제물에서 흘러내리는 피의 모습'이었다.

공자는 '순장'의 폐지를 건국 이념으로 삼은 주나라 주공을 칭송했다. 또한 공자는 요순 시대에도 성행했던 인육 식습관에 반대했다. 덕분에 중국은 진시황마저 사람 대신 토용을 순장시키는 등 다른 문명보다 일찍 인신공양을 없앨 수 있었다고 한다.

아브라함은 신의 명령에 따라 산꼭대기 바위 위에서 아들 이삭을 바치려 했다. 제사장이 신전우주의 중심에서 희생 제의를 펼치는 시대였던 것이다. 그러나 예수는 자신을 인류의 마지막 희생양으로 바친 비폭력 투쟁으로 과거와 다른 세상을 열었다. 지금은 제사를 지내면서 피와 살 대신 포도주와 밀떡을 먹는다.

지금도 신의 이름으로 희생 제의의 작두를 타는 무당들은 최소한 2,000년이나 뒤진 시대착오의 좀비들인 것이다.

아리안 족의 남하

이란 고원의 평화로운 모권 사회는 준마가 이끄는 경전차를 폭풍처럼 몰고온 아시리아에게 산산히 부서졌다. 이어 아리안 족은 천리마 같은 최고의 말을 타고 나타났는데, 안장을 사용해서 더 편안한 자세로 기마전을 펼친 끝에 아시리아를 몰아냈다.

아리안 족은 여러 밀레니엄 전 남하했던 터였다. 일파는 독일 게르만 족을 거쳐 아일랜드켄트 족까지 갔다. 이란 지역으로는 구약 성경이 말하는 '메대 족'메데스 족과 '바사 족'페르시아 족이 들어왔다. 일부는 인도로 가서 브라만과 크샤트리아 계급이 됐다.

아리안 족은 처음엔 기마 전사로서 토착 통치자들의 용병이었으나, 로마 제국의 게르만 족처럼 점차 힘을 키운 뒤 기회를 엿봐 고원의 주인공이 됐다. 그들은 토착민과 생각이 달랐다. 유라시아 문명의 성격과 체질을 바꿔 놓았다.

2012년 신화 연구를 위해 이란을 방문했던 신화학자 공원국 박사는 "아리안 족이 나타나자 신화의 세계가 바뀌었다."고 했다.

아리안 족 일파인 메데스 족은 서부 페르시아를 차지하고, 엑바타나_{현재의 하메단}를 수도로 정했다. 그들은 카스피 해 연안까지 내려왔던 스키타이 족을 다시 북방으로 쫓아내고, 고대 아시리아 왕국과 엘람 왕국마저 물리쳤다.

바야흐로 아리안 족 최초의 왕국인 메디아가 탄생했다. 이란 땅에 언어, 종족, 신화가 전혀 다른 새로운 세계가 펼쳐지기 시작했다.

아리안 족 이전의 세상은 '빛나는 것'_{태양·별·달 등}에서 신적인 어떤 것을 느끼면서 여신을 섬기고 있었다. 그들은 '데블'_{악마}, '디바'_{여신}, '디바인'_{빛의, 신성의}처럼 기본적으로 '빛'의 신화를 갖고 있었다.

하지만 아리안 족은 황량한 벌판에서 험한 유목 생활을 하느라 남신을 섬기고 있었다. 그들에게는 전쟁신이 최고의 신이었고, 그 신은 '살인 도구'와 '살인 면허'를 갖고 있었다. 남신은 어둠과 공포의 아들이었다.

추운 대륙에서 '없이 살던' 유목민들은 겨울이 공포스러웠을 것이다. 만약 따뜻한 봄이 오지 않으면, 전 재산인 가축과 함께 종족 모두 몰살되리라. 그들에게 폭풍과 번개는 신이 내리는 저주였을 것이다. 그 신이 이란과 인도로 와서 '미트라'가 되었는데, 역시 번개를 날리는 전쟁의 신이었다. 그리고 이란의 미트라는 그리스의 제우스가 되었는데, 제우스는 번개 삼지창를 던지는 캐릭터다.

그리하여 미트라는 페르시아 제국들의 수호신이 됐다. 그의 캐릭터는 '황소를 제물로 바치는 미트라' 조각에 단적으로 나타나는데, 오른손으로 쇠머리를 들어올리면서 왼손으로는 칼을 소의 배에 꽂고 심장을 향해 밀어넣는 모습이다. 황소의 발밑에는 개와 뱀이 피를 받아 먹고 있다.

미트라교의 창조 설화에 따르면, 황소는 모든 동식물을 임신한 상태였다. 미트라는 모든 생명을 살리기 위해 황소를 잡았고, 황소 피가 튀면서 갖가지 생물이 튀어나왔다.

훗날 조로아스터교의 유일신인 아후라 마즈다가 그의 천지창조 첫날에 만든 것이 사람과 황소였다.

페르시아와 싸우던 로마 제국에서도 용맹스런 전사의 상징인 미트라가 군인들에게 아낌없는 지지를 받았고, 미트라교는 3세기쯤 로마의 공식 종교가 됐다. 서기 312년 기독교를 믿는 콘스탄티누스 세력이 미트라 교도인 율리아누스 파를 누르면서 로마

태양신이자 전쟁신 미트라가 희생 제의 때 바칠 황소를 잡고 있다. 유목민 아리안 족의 미트라가 도래하기 전 농경 사회에서는 물의 여신을 최고신으로 섬겼다.

의 미트라교는 시들해졌다.

인도의 최고신 인드라 역시 "하늘에서 내려오면서 '흑인_{토착인}' 들을 죽였다."는 전쟁신이다.

이 미트라는 정의와 약속의 신이기도 하다. 늘 물자 부족에 시 달리는 유목민은 '미트라의 이름으로' 맹세를 했다. 그들에게는 '계약'은 가장 중요한 사회적 자본이었다. 아는 사람끼리는 서로 죽이거나 약탈하지 말자는 신사협정을 맺었다.

하지만 생존과 탐욕 앞에 약속은 쉽게 깨지는 그릇과 같았다. 약속은 갑과 을이 서로에게 치명상을 줄 만한 힘을 숨기고 있을 때 지켜지는 것이다. 무력에 차이가 벌어지거나 방심을 틈타 기 습을 하면 원하는 것을 매우 싼 값에 가질 수 있다는 유혹을 뿌 리치기 어렵다.

유목민에게 약탈과 겁탈은 과시하고픈 능력이고 용맹스런 전 술이었지, 비겁한 짓이거나 부끄러운 비밀이 아니었을 것이다. 속고 속이고, 죽고 죽이면서 선과 악, 진실과 거짓의 투쟁이라는 세계관·종교관이 생겨났을 것이다.

아케메니드 페르시아 왕조의 탄생

아케메니드 왕조_{BC 550~BC 330}는 아리안 족 중에서도 페르시아 계가 세운 첫 왕국이었다. 아시리아가 엘람 왕조를 무너뜨리고,

메디아가 아시리아를 물리쳤으며, 이제 아케메니드 페르시아 왕조가 메디아 왕조를 멸망시킨 것이다.

메디아가 망하자 중동 지방은 춘추전국시대로 돌입했다. 이를 차례차례 평정하고 인류 최초의 대제국을 연 영웅이 키루스_{성경 이름 '고레스' BC 600~BC 529}다. '왕'이란 칭호로는 부족한 '대제'이자 '대왕'이었다.

사실 키루스가 왕_{재위BC 550~BC 529}이 되어 리디아_{오늘날의 터키 지방}를 정복하기 전까지 페르시아는 '시장도 사치와 낭비도 없는 가난한 나라'였다. 그의 리더십은 리디아 정복 전쟁을 통해 길러졌다.

BC 547년 겨울 초입, 긴 창을 든 기마부대를 선봉에 세운 리디아, 수적으로 우세한 페르시아 군대는 팽팽했다. 긴 탐색전 끝에 리디아는 이듬해 봄에 주 경기를 펼치기로 결정하고 용병들을 해산시켰다.

키루스도 같은 생각을 했지만, 군대를 해산하는 척하면서 리디아 수도까지 비밀리에 진격했다.

리디아는 기마 부대를 다시 동원했으나, 키루스는 군량을 나르기 위해 데려온 낙타를 최전방에 배치했다. 리디아의 군마들은 낙타들의 지독한 몸 냄새에 적응되지 않은 탓에 길길이 놀라 날뛰었다. 리디아 군은 성내로 철수했고, 전쟁은 공성전 양상으로 전개되다 2주만에 끝났다. 동방의 부를 상징하던 리디아 왕국은 이제 페르시아의 차지가 됐다.

키루스는 리디아의 왕 크로이소스을 불태워 죽이려 했다. 그때 크로이소스가 중얼거렸다. "인간은 살아 있는 한 그 누구도 행복하다고 말하지 말라." 키루스가 통역자를 통해 크로이소스에게 물어보니, 그리스 철학자 솔론이 해줬던 말이라는 것이었다. 이때 마침 소나기가 내려 장작불이 꺼지는 기적이 일어났다.

키루스는 크로이소스에게 그 멋있는 말의 자초지종을 물었다. 이야기인즉슨, 크로이소스가 아테네 델포이 신전을 방문했을 때 솔론에게 물었다고 한다.

"천하를 주유하며 만난 사람 중 누가 가장 행복한가?" 거울아, 거울아, 세상에서 누가 가장 예쁘니?

세계 최고의 권력자이자 부자인 크로이소스는 너무나 대답이 뻔한 질문을 했다고 생각했다.

"가난하지만 효자 두 명을 둔 어머니지요."

철인의 대답은 예상을 빗나갔다.

"인생은 우연한 것. 한 사람이 죽기 전까지 행운이 있는 사람은 있을지 모르지만, 행복한 사람이라고는 말할 수 없습니다. 잠깐 행운을 누리다 영원히 파멸하는 인간도 많으니까요."

크로이소스는 별 시답지 않은 소리를 한다고 무시했다가, 화형장 장작불이 타오를 때 그 말뜻을 깨달았다. '죽는 순간에 웃는 사람이 행복한 사람이구나.'

키루스 : "왜 전쟁을 일으켰는가."

크로이소스 : "왕의 행운이자, 저의 불운 때문이지요."

키루스 : "무슨 뜻?"

크로이소스 : "그리스의 신이 출병을 부추겼습니다. 신탁을 잘
못 해석한 제 탓이 크지요. 세상에 평화보다 전쟁을 택하는 무분
별한 인간은 없을 것입니다. 평화로울 땐 아들이 아버지를 장사
지내지만, 전쟁이 벌어지면 아버지가 아들을 장사 지내기 때문
입니다."

크로이소스는 전쟁에 앞서 델포이의 아폴로 신전에서 신탁을
받았다. "만약 크로이소스가 페르시아를 공격한다면 커다란 왕
국을 파괴하게 될 것이다."

하지만 초반 승세가 금방 꺾여 수세에 놓였다. 다시 신탁을 받
았다. "두 번째 질문도 던졌어야 했나니. 그가 파괴할 왕국은 그
의 적의 것인가, 아니면 그의 것인가?"

키루스는 크로이소스를 평생 친구이자 고문으로 삼는다. 키루
스 병사들이 리디아를 약탈하자 크로이소스는 "모든 게 당신 것
인데 왜 병사들이 약탈하는 걸 내버려 두느냐."고 했다. 키루스
는 약탈을 중지시켰다.

키루스는 크로이소스를 통해 제국의 길을 열었다. 키루스는
리디아를 통해 그리스 철학과 학문을 접했다.

그런 교양과 문화적 소양을 키운 덕분인지 키루스는 아시리아

제국의 공포 정치, 바빌로니아 제국의 억압 정치와는 다른 관용 정책으로 제국을 경영했다.

키루스는 전쟁터에서 죽었으며, 아들 캄비세스에게 크로이소스를 잘 모시라고 유언했다.

태조 키루스, 페르시아의 전륜성왕

아케메네스 왕조는 이란 인의 영원한 자부심이다. 하지만 헤로도토스의『역사』, 왕들이 남긴 비문, 구약성서 정도에 관련 내용이 일부 남아 있을 뿐이어서 그의 전모를 파악하기가 쉽지는 않다고 한다.

태조 키루스는 '전륜성왕'급이었다. 힘이 아닌 정법으로 세계를 통일한 이상적인 왕이었다. 우리로 치면, 주몽과 광개토대왕, 그리고 상생과 소통으로 통치한 세종까지를 합체시킨 인물이랄까. 한 인간이 왕으로서 할 수 있는 모든 위대한 업적을 남겼다.

그의 제국은 그 이후 탄생한 모든 제국주의와 클래스가 남달랐다. 국제주의 내지 사해동포주의라 할까. 가는 곳마다 피식민지와 노예를 해방시켰다. 그 옛날에 인권에 대한 감각마저 보여주었다.

그는 모든 종족과 민족의 전통과 종교를 인정하는 관용 정책을 펼쳤다. 포로로 잡은 바빌로니아 왕을 극진해 대접했고, 그가 죽자 국장으로 장례했다.

그는 '유대인 공동체 및 성전 재건 허락 포고령'으로 바빌론 포로로 잡혀 있던 유대인 약 4만 명을 고향으로 돌려보냈다. 예루살렘에 성전을 지으라고 돈까지 보태줬다. (에즈라 1:2~4, 6:3~5)

유대인과 페르시아 인 사이에 보은 관계가 성립됐다. 60년 만에 해방된 유대인은 이민족의 왕인 그를 '하나님의 기름 부음을 잡은 자' '하나님의 목자'라고 칭송했다.

키루스는 페르시아 군이 생명을 위협하거나 재산을 약탈하지 못하게 했다. 점령지는 본국과 같이 개발해서 인민들의 경제적 안정을 도왔다. 그는 무혈 입성으로 주변 국가들을 차례로 접수했다. 소리없이 강한 제국 경영으로 피정복민들은 세상이 메디아에서 아케메네스로 바뀐 줄도 모르고 생업에 종사했다.

요와 순이 평화와 풍요의 태평성대를 일군 중국의 성군이었다면, 키루스는 3개 대륙과 3개 바다를 아우른 해방자이자 제국의 경영자였다.

키루스에서 비롯된 '자애로운 제국관'은 알렉산더와 그리스·로마, 아랍과 인도를 거쳐 심지어 소련과 미국에까지 이어질 것이었다.

즉 키루스 이래로 페르시아는 "우리가 너희를 정복하는 것은 너희를 위해서다."라고 말했다. 키루스는 복속당한 사람들이 자신을 사랑하기를 바랐으며, 페르시아의 신민이 된 것이 행운이라고 생각하기를 원했다.

"페르시아 제국은 온 세상이 기본적으로 하나라는 것, 모든 인간은 서로에게 책임이 있다는 것을 늘 인식하고 있었다. 인류는 하나의 대가족으로 인식되었다."(유발 하라리, 『사피엔스』)

그리하여 페르시아 제국은 자신들이 복속시킨 민족에게서 많은 것을 흡수한 혼성 문명이 됐고, 그것을 다시 세계에 전파했다.

영웅의 탄생 설화

키루스는 메디아 제국을 무찌르고 나라를 세웠다. 하지만 그의 어머니가 메디아의 공주였으므로, 그는 모계 혈통으로 보면 메디아 사람이었다.

메디아 왕국 시절, 키루스의 고향은 변두리의 도시국가로 메디아의 식민지에 지나지 않았다. 어느 날 메디아의 마지막 왕이 꿈을 꿨다. 딸 만다나가 오줌을 눴는데, 아시아 전체에 홍수가 났다. 해몽에 따르면 공주의 자식, 즉 자신의 손자가 새로운 세상을 지배한다는 뜻이라고 했다.

왕은 공주를 자그마한 속국 페르시아의 '온달'에게 시집을 보내버렸다. 그랬는데 왕이 또 꿈을 꿨다. 이번엔 딸의 음부에서 자란 포도나무가 아시아 전체를 드리우고 있었다. 왕은 임신한 딸을 메디아로 불러들였다. 마침내 키루스가 태어났다.

왕은 손자의 탄생 즉시 죽이라고 신하에게 명했다. 신하는 왕명을 받들겠다며 아기를 산속으로 데려갔으나 그러지 않았다. 산속에는 소치기 부부가 살고 있었고, 그들에게는 낳자마자 죽어 버린 남아가 있었다. 신하는 산 아기를 부부에게 넘기고, 죽은 아기를 데려와 장례를 치렀다.

숲속의 아기는 잘 자라 열 살이 됐다. 동네 아이들과 전쟁놀이를 할 때면 늘 왕 노릇을 했다. 아이는 어느 날 명령을 어긴 친구를 때렸는데, 친구의 아빠가 고관대작이었다. 메디아 왕은 왕 노릇을 하는 아이가 자신의 손자라는 걸 눈치챘으나, 죽이지는 않고 친부모가 있는 페르시아로 보내 버렸다. 그 아이의 외할아버지는 자신의 왕국이 손자에게 망할 것이라는 해몽을 운명으로 받아들인 걸까.

일부에서는 그 아이가 산속에 버려져 늑대(또는 개)의 젖을 먹고 자랐다는데, 이것은 로마 시조 로물루스의 유년기 이야기와 비슷한 것이다.

명품의 운명, 키루스 실린더와 함무라비 법전

파란만장한 세계사 속에서 국가의 흥망에 따라 세계사적 문화재들이 유전流轉하는 경우가 생긴다.

인류 최초의 권리장전이자 인권헌장이라는 '키루스 실린더'^왜

키루스 실린더(영국 국립 박물관 소장). 키루스 실린더는 팔레비 왕조의 국가 상징으로 동전·지폐·우표의 도안으로 쓰였다. 이슬람 혁명 이후 이란의 모든 지폐에는 오로지 호메이니 초상화만 들어 있다.

기문자를 새긴 원통형 토기는 영국 국립 박물관에 있다. 1879년 대영제국 시절의 대영 박물관이 당시 오스만 제국 영토였던 바빌로니아에서 가져간 것이다.

"내가 살아 있는 한 너희의 전통과 종교를 존중할 것이다. 나는 결코 전쟁(강압)으로 통치하지 않을 것이다."

키루스는 바빌로니아 정복 후 그들의 신에게 제사 지냈다. 피정복 백성들에게 관용과 신앙의 자유를 약속했다. 때문에 알렉산더로부터 토머스 제퍼슨의 독립선언서에까지 영감을 주었다고 한다. 세계 곳곳에서 다문화주의 실패를 선언하고 있는 요즘엔 현재적 의미를 더한다.

워낙 손을 많이 탔으니 특정 국가의 소유물이라기보다 인류 모두의 자산인 것 같기도 하다. 그래도 이란은 억울하다. 팔레비 국왕 시절과 이슬람 혁명 이후 두 차례 빌려 와 테헤란에서 전시해 수백만 관객을 동원했다. 남의 품에 있지만, 지금도 그것은 이란 인의 자부심과 자존심을 상징한다.

그런가 하면 '함무라비 법전'은 원래 바빌로니아 것인데, 페르시아를 거쳐 지금은 프랑스 파리 루브르 박물관에 있다.

함무라비 법전은 인류의 첫 성문법전이다. 기원전 18세기 이라크^{강기슭}, 수메르^{갈대 많은 곳} 지역을 통일한 바빌로니아 왕국 제6대 왕 함무라비가 '눈에는 눈, 이에는 이'로 유명한 탈레오 법칙의 전문과 총282조를 새긴 2.25m 높이의 돌기둥이다.

"만약 어떤 사람이 다른 사람의 눈을 상하게 했으면, 그의 눈도 상하게 해야 한다."(제196조)

"만약 어떤 사람이 다른 사람의 이를 부러뜨렸으면 그의 이도 부러뜨려야 한다."(제200조)

'애들 싸움'을 가족·부족간 사생결단의 전쟁으로 확대시키지 말자는 뜻이라고 한다.

이 비석은 엘람 왕조가 바빌로니아를 이긴 기념으로 가져와 수도 수사에 가지고 있었다. 20세기 초 프랑스 고고학팀이 '발굴' 해

프랑스로 가져갔다. 이란 국립 박물관에 있는 것은 복제품이다.

이집트를 정복한 '폭군' 캄비세스

키루스 사후 장남 캄비세스는 BC 525년 이집트 원정을 떠난다. 왕이 된 지 4년 만이었으나, 아버지가 미리 준비해 놓은 게 많았던 덕분이었다.

캄비세스가 이집트에 원한이 많아 원정을 서둘렀다는 설도 있다. 즉 키루스는 본처 사이에 두 아들을 두었다. 하지만 이집트에서 데려온 처(혹은 첩)를 더 아낀 모양이었다. 큰아들 캄비세스는 열 살 때 "어머니, 제가 어른이 되면 꼭 이집트를 정복하겠습니다."라고 말했다는 것이다.

캄비세스는 시나이 사막을 건너 이집트와 격렬한 전투를 벌였다. 전쟁터엔 페르시아 병사들의 마구 깨진 두개골이 산을 이루었다. '페르시아 인의 두개골이 약한 것은 어려서부터 중절모를 써 머리를 감추고 햇볕을 쬐지 않았기 때문'이라고 헤로도토스는 적었다.

반면 이집트 인은 갓난아기 때부터 머리를 깎고 햇볕을 쬐는 까닭에 머리가 단단하고, 대머리가 드물어서 두개골이 덜 깨졌다.

이런 분노 때문인지 캄비세스는 이집트 궁전에 들어가자마자 묘실에서 선왕의 미라를 끌어내 채찍으로 때리고, 머리칼을 뽑았으며, 침으로 찔렀다. 마지막으로는 미라를 불살라 버리라고 명했다. 이런 소문이 과하다 싶었는지 헤로도토스는 '이집트 인들이 훗날 만들어 낸 이야기'라고 덧붙였다.

그는 이어 '최후의 땅' 에티오피아로 가기로 했다. 페르시아 인들은 에티오피아 사람들이야말로 세상에서 가장 키가 크고 가장 아름다운 인종이라고 생각했다.

또한 에티오피아에는 '태양의 식탁'이 있었다. 한밤중에 누군가 네 발 짐승 삶은 고기를 한 상 가득히 차려 놓는다. 그러면 낮에 누구든 마음대로 배불리 먹을 수 있는 식탁이었다.

캄비세스는 사신(첩자)을 보내 염색 옷감, 황금 목걸이와 팔찌, 향유, 술 같은 것을 에티오피아 왕에게 선물했다. 에티오피아 왕은 각각의 선물보다 훨씬 더 나은 것들이 에티오피아 더 많이 있다고 강조했다.

"페르시아 왕이 정의로운 자라면 남의 영토를 넘보지 않을 것이며, 페르시아에게 아무런 해악을 끼치지 않는 사람을 예속시키지 않을 것이다."

캄비세스는 모욕을 느꼈다. 5만 군대를 이끌고 에티오피아로 향했다. 하지만 그의 군대는 원정길의 5분의 1도 못 가서 보급 물자를 수송하는 동물마저 다 잡아 먹고 말았다. 사막에 들어서서도 진군을 멈추지 않았으나, 10인 1조로 구성된 분대원들은 제비뽑기로 한 사람씩 잡아먹고 있는 상태였다.

캄비세스는 뒤늦게 후퇴를 명했다. 하지만 오아시스에 도착하기 전 식사를 하던 도중 맹렬한 남풍이 불었다. 사막의 모래가 페르시아 군 전체를 생매장시켰다.

엎친 데 덮친 격으로 캄비세스는 동생이 고국에서 반란을 일으켰다는 전갈을 받았다. 도무지 믿을 수도 없고, 가능하지도 않은 소식이었다. 왜냐하면 캄비세스는 왕이 된 다음 가장 먼저 한 일이 바로 동생을 없애 버린 것이기 때문이었다.

캄비세스는 이집트 원정을 떠나면서 심복인 조로아스터교 사제 가우마타에게 통치를 맡기면서 동생 바르디야를 죽이라고 했었다. 자세히 알고 보니 사제 가우마타가 소리 소문 없이 바르디야를 죽인 뒤, 자기가 마치 바르디야 행세를 하면서 쿠데타를 일으켜 황제 놀이를 하고 있는 것이었다.

캄비세스는 배신자를 토벌하고자 말머리를 돌렸다. 지금의 팔레스타인 지방에서 말을 타다 왼발을 등자에 얹으려다 실수로 허공을 딛고 말았다. 낙상 순간 허리에 찼던 칼이 칼집에서 빠져나와 허벅지를 찔렀다. 시종이 달려갔으나 이미 많은 피를 흘린 상태였다. 이 상처 탓에 재위 7년 5개월만에 아들딸 없이 죽었다.

이 스토리조차 사실 여부를 알기 어렵다. 사인도 홧병, 정신병, 자살, 신성한 병으로써의 간질 등 불분명하다.

캄비세스는 아버지와 다르게 악행을 거듭해 인심을 잃은 처지였다. 4년간 이집트에 머물면서 세금을 세게 매겨 '폭군'이라는 별명을 얻었다. 그의 아내 세 명이 모두 친누이 동생이었다. 페르시아에는 형제자매간 결혼을 인정하는 법이 없었으나, "'페르시아 왕왕중왕은 무엇이든 다 할 수 있다는 법률이 있다.'는 내용의 법조문을 찾아낸 것이었다.

그는 또 다른 누이 아토사훗날 다리우스 왕의 왕비와도 결혼했다. 임신한 첫 번째 아내를 폭행해서 유산 후 사망에 이르게 했다. 이집트 원정에 따라온 누이동생이자 부인은 남동생이 죽었다는 소식을 듣고 울었다는 이유로 죽였다.

유럽에서는 캄비세스를 잔인무도한 왕의 상징으로 놀려 댔다. 15세기 말 네덜란드 화가의 그림 중 '캄비세스 왕의 재판'이라는 게 있다고 한다.

거기서 캄비세스는 왕실 재판관이 뇌물을 받고 잘못된 판결을 내리자 재판관의 가죽을 벗겨 낸다. 그걸 의자에 깔더니 재판관 아들에게 그 직위와 의자를 물려주더라는 것이다.

헤로도토스는 반 년짜리 가짜 황제에 대해 "백성을 위해 많은 일을 했는데 그가 다리우스 손에 죽자 백성들은 매우 슬퍼했다."고 적고 있다. 캄비세스에 대한 헤로도토스의 부정적인 시각이 엿보이는 대목이다.

죽은 진짜와 산 가짜 사이에 나타난 다리우스

왕이 가짜라는 사실을 눈치챈 7명의 귀족이 모인다. 그들은 가짜 왕, 왕의 형 마고스, 그리고 마고스를 둘러싼 사제들을 다 죽이고 권력을 잡는다. 이후 '마고포니아'마고스 살해 축제는 페르시아 인들의 축제일이 됐다. 이 날엔 사제들이 문 밖에 나오지 못했다.

7인의 일등공신들은 제국의 정치 체제에 대해 격론을 펼친다. '민주와 독재' 논쟁이다. 이 '회의록'은 꽤 길다. 헤로도토스가 그리스 인들의 사상 투쟁을 페르시아 버전으로 번안해 놓은 게 아닐까 싶다. 합의점을 찾을 수 있는 토론이 아니었다. 정체를 둘러싼 권력 투쟁이기 때문이었다.

7명 중에는 지방 총독 다리우스가 포함돼 있었다. 다리우스는 캄비세스의 측근 군관이자 왕족의 방계 가문 출신이었다. 정통성 측면에서 한 발 앞선 인물이었던 듯싶다.

다리우스는 독재 체제를 선호했다. 과두제는 공치사 때문에 내분과 유혈 충돌이 일어나 결국 독재제로 귀착되고, 민주제는 악이 만연하고 우중들의 결탁으로 국가에 해악을 끼친다는 이유를 댔다.

"우리는 오직 한 인물기루스에 의해 자유의 몸이 된 것이므로 이 훌륭한 관습을 포기해서는 안 된다."

끝장 토론은 그러나 끝이 없었다. 결국 한 사람이 대권 레이스에서 발을 뺐다. 그 대신 그는 누가 왕이 되든 영원한 2인자 자리를 보장받기로 했다. 그는 자기 딸을 가짜 왕에게 시집 보내 '새왕이 진짜로 가짜'라는 확증을 잡아 낸 귀족이었다.

나머지 6명이 황제 자리를 경품으로 내건 복불복 게임에 합의했다. 이튿날 말을 타고 성문 밖 결승점에 도착, 일출 직후 제일먼저 크게 우는 말의 주인이 승자가 되는 게임이었다.

후보자들은 모두 말을 타고 일출 전에 약속 장소에 나타났다. 막 동이 트고 있었다. 갑자기 다리우스의 말이 달려가면서 미친듯이 울어 댔다. 그것으로 게임이 끝났다. 마른 하늘에서는 번개가 치고 천둥이 울었다. 나머지 후보자들은 즉시 말에서 내려 새로운 왕 앞에 납작 엎드렸다.

비결은 이렇다. 전날 다리우스는 자신의 마부에게 게임 규칙을 설명했다. 마부는 그날밤 암수 한 쌍의 말을 이튿날 게임 개최 예정지로 데리고 가서 교미를 시켰다. 이튿날 혼자서 '신혼여행지'를 재방문한 수놈은 지난밤의 흥분이 떠올라 길길이 날뛰었다는 것이다.

다른 '썰'도 있다. 교미는 시켰으되, 장소는 달랐다는 것이다. 마부는 암말의 분비물을 어딘가 적셔 놓았다가, 결전의 순간에 그것을 수놈 코에 갖다 대 흥분을 유발시켰다는 것이다. 암말의 분비물을 결승점 부근에 미리 뿌려 놓았을 뿐이라는 속설도 있다고 한다.

다리우스는 이 일을 비문에 남겼다. "나는 말과 마부 덕분에 페르시아 황제가 됐노라." 자신의 성공을 비천한 사람의 아이디어와 노력 덕분으로 돌리는 '큰 그릇'의 면모가 보이는 에피소드였다.

말에 관한 일은 미부에게 물어본다는 점에서 다리우스는 적재적소에 인재를 등용했을 것 같다. 또한 모르는 것은 의문으로 남기지 않으려는 '불치하문不恥下問'의 품성도 지닌 듯하다.

하지만 후대 사람들은 다리우스가 왕이 된 배경을 이렇게 요약했다. "캄비세스 왕의 직계 후손이 없었다. 다리우스 집안은 이미 제국의 주요한 가문이었다. 다리우스는 캄비세스 왕의 누이이자 미망인이었던 아토사와 결혼해 둔 상태당시 미망인은 죽은 남편의 형제를 재혼 상대자로 삼는 관습였다. 정통성 승계에는 별 문제가 없었다."

다리우스가 권력을 잡았으나 제국은 반란의 소용돌이 속에 빠져들었다. 권력의 공백기를 틈타 도처의 민족과 부족이 들고 일어났다. 제국이 산산조각 나기 일보 직전이었다.

'교통왕' 다리우스

다리우스는 인도에서 북 아프리카까지 다스렸다. 그것은 당시 페르시아 인들이 생각했던 전 세계였다. 페르시아 인들은 에티오피아와 인도를 동서의 끝이라고 생각했다. 중국의 존재를 몰랐던 것인지 일부러 외면한 것인지는 모르겠다.

"자오선이 서쪽으로 기울고 있는 방향으로 이 세상에서 가장 멀리 떨어져 있는 나라는 에티오피아다."

"인도의 동쪽은 사막인 까닭에 아무도 살지 않고 있다."

다리우스는 관용 정책으로 제국을 평화롭게 유지하면서, 자신의 재능과 열정을 교통과 통신의 편익 제고에 쏟았다. 다리우스는 '교통왕'이었다. 말발굽을 개선하고, 도로를 열었으며, 항구를 만들고 수로를 개척했다. 거침없이 왕래하고 교역하며 정보를 주고받는 것, 그게 그가 생각한 국리민복國利民福의 지름길이었다.

영토를 20여 개 주로 나눠 총독을 보냈다. 각 민족의 전통과 신앙을 존중했다. 현지 지배층을 하급 관리로 삼고, 세금을 금과 은으로 거뒀다. 왕궁에 쌓이는 은금은 은의 13배로 환산이 해마다 약 367톤이었다. 그 돈으로 수사에서 터키까지 티그리스 강변 도로를 포함한 2,700㎞의 '왕의 길'을 완성했다. 제국의 네트워크이자 플랫폼이었다.

간선 도로 주변에 수많은 여관이 들어섰다. 낙타가 하루 동안 천천히 25㎞를 걸었으므로 그 길을 완주하는 데 110일쯤 걸렸고, 최소 110여 개의 호텔이 생겼을 것이다. 특별 수비대는 길을 지키고 대상인들을 도적떼로부터 보호했다. 세무서 직원들은 세금을 거뒀다.

왕의 명령은 바람처럼 빨랐다. 역마다 배치된 파발꾼들이 릴레이식으로 쏜살같이 왕의 뜻을 보름 내에 전 제국에 전파했다. 암행어사감찰단 또는 검열단는 일주일만에 제국 어디든 갈 수 있었다. 도로 곳곳에 봉화를 세워 모든 위기에 초기 대응하고자 했다.

더분에 '퀵 서비스'를 포함한 우편 제노가 확립됐다. 약 2,500년 후 뉴욕 중앙 우체국을 설계한 건축가는 페르시아 우편 시스템의 모토를 우체국 벽에 새겨 놓았다.

"눈이 오나 비가 오나, 폭염과 깊은 어둠 속에서도 정해진 지역에 소식을 전하는 임무를 신속히 완수한다."Neither snow nor rain nor heat nor gloom of night stays these couriers from the swift completion of their appointed rounds.

그리스 인이 보기에 그들은 "학보다 빨리 달린다." 로마 제국은 이 시스템을 벤치마킹해서 '역전제'를 만들었다.

다리우스는 해운에도 관심이 많았다. 그는 수에즈 운하의 선구자이자 창안자였다. 나일 강과 홍해 사이에 운하를 팠다. 이집트의 파라오가 진작 하고 싶었던 것을 다리우스가 실천에 옮겼다. 다리우스는 산 넘고 바다 건너 티그리스 강과 유프라테스 강, 그리고 나일 강까지를 자유롭게 오갔다.

제국의 교통은 제국의 자랑이었다. 세계 어느 나라도 교통을 핑계로 새해 첫날 공물 바치는 행사에 빠질 수 없었다. 육상로와 해상로를 통해 28개국 사신들이 보물과 특산물을 싣고 매년 페르시아 왕국으로 신년 인사를 왔다.

그 길은 200년 후 알렉산더가 초전박살의 파죽지세로 페르시아를 멸망시키는 길로 이용될 것이었다. 알렉산더의 정복 행위는 새로운 제국의 건설이 아니었다. 기존 페르시아 제국의 찬탈에 그친 것이었다.

그럼에도 도로는 역대 제국에서 가장 중요한 사회 간접자본이었다. 로마와 몽고 역시 "성을 쌓으면 망하고, 길을 닦으면 흥한다."는 '제국의 법칙'을 실행했다.

수사 궁터와 수사 박물관

수사 궁터는 우리 고려의 옛 궁터 만월대滿月臺를 뜻한다는 '황성荒城 옛터'보다 쓸쓸하다. 향기로운 풀 방초芳草와 구슬픈 벌레 소리가 없는 황무지다. 폐허, 허무, 외로움을 느끼기엔 최적지이지만, 멀고 더워서 나그네가 일부러 찾아가기는 불편한 곳이다.

황성 옛터에 밤이 되니 월색만 고요해
폐허에 서린 회포를 말하여 주노라
아 가엾다 이 내 몸은 그 무엇 찾으려고
끝없는 꿈의 거리를 헤매어 왔노라.

성은 허물어져 빈터인데 방초만 푸르러
세상이 허무한 것을 말하여 주노라
아 외로운 저 나그네 홀로서 잠 못 이루어
구슬픈 벌레 소리에 말없이 눈물져요

물론 거기엔 우리에게 없는 것들이 있다. 수사 궁터에서는 지난 반만 년간 명멸했던 7개 왕조와 관련된 유물이 시루떡처럼 층별로 나온다. 파들어갈수록 더 먼 옛날의 흔적들이 빛을 보고 있다.

다리우스가 건설한 궁전은 당시 인간이 구현할 수 있는 극대치를 지향했다. 바위층이 나올 때까지 땅을 깊이 파서 기초를 닦았다. 한켠에서는 모래층 밑 진흙을 파내 벽돌 모양으로 만들어 햇볕에 말리거나 가마에서 구웠다.

건축 자재는 세계 최고급품들이었다. 삼나무는 레바논, 어떤 재목은 인도의 간다라에서 왔다. 금은 리디아 산이다. 석재 역시 종류에 따라 소그디아 서역 등지에서 들여왔다. 은과 에보니 흑단 는 이집트, 상아는 에티오피아와 인도에서 실어 왔다.

지상 최대의 쇼, 기능 올림픽 현장이었을 것이다. 각 민족마다 주특기를 살린 드림팀이 구성됐다.

아시리아 인은 무역에 능했는지 건축 재료를 사 오는 일을 잘했다. 바빌로니아 사람들은 바벨탑을 세운 경험을 살려서인지

수사 궁터 관리 사무소의 벽면에 그려진 페르시아 제국 근위병의 모습.

벽돌 쌓기를 했다. 거대 돌기둥에 조각 새기는 일은 화강암도 진흙 주무르듯 했던 리디아 등지의 예술가들이 맡았다.

메디아와 이집트 인이 금을 다뤘다. 목재 가공은 리디아와 이집트 인, 벽 장식은 메디아와 이집트 사람들의 몫이었다. 이집트 사람들은 손재주가 뛰어났다. 그리스 장인들은 예술적 안목이 높았다.

그곳에서 출토된 비문과 점토판에는 궁 건설에 소요된 물자에 대한 원산지 증명과 거기서 일한 다국적 노동자들의 역할과 작업량 등이 새겨져 있었다.

다리우스는 궁을 완공한 후 여러 비문을 남겼다.

"수사에 천명이 내렸고, 우리는 완성했다. 아후라 마즈다는 나를 보우하실 것이다. 아후라 마즈다는 나의 아버지와 할아버지, 그리고 나의 조국을 보우하실 것이다."

"가장 위대한 신은 아후라 마즈다이다. 그는 지구와 하늘, 인간, 그리고 인간의 행복, 그리고 나 다리우스를 창조했도다. 아후라 마즈다가 나를 왕으로 만드시었다. 나에게 이 제국을 주시었다. 훌륭한 말과 부하들을 주시었다. 아후라 마즈다의 은혜로 내 아버지와 할아버지는 내가 이 지상에 제국을 만드는 것을 다 지켜보시었다. 그러니 아후라 마즈다의 뜻을 알겠노라. 아후라 마즈다는 나를 그의 사람으로 선택하시었다. 그는 나를 온 세상의 왕으로 만드시었다. 나는 아후라 마즈다를 숭배하노라. 아후라 마즈다여, 나를 도우소서. 내가 이룬 것은 그가 이루기를 바라신 것이었다."

날개 달린 소

수사 궁은 BC 330년 알렉산더, 7세기 아랍, 1218년 몽골에 의해 거듭 파괴됐다. 파괴된 궁의 벽돌로 알렉산더가 만들었다던 산성도 파괴됐다. 성 아래 강이 흐르는 난공불락의 요새도 세월 앞에, 또 다른 무기와 세력 앞에서는 추풍낙엽이었다.

수사는 인류 최초의 도시 가운데 하나이므로 층층마다 천 년을 뛰어넘는 유물이 나온다. 많은 유물이 유럽으로 빠져 나갔지만 지금도 발굴 작업이 한창이다. 그런데도 수사 박물관은 초라하다. 창고에 수장품은 많은데 전시 공간이 협소한 것인지도 모르겠다. 이슬람 이전 역사를 홀대하는 공화국의 분위기 탓일 수도 있다.

첫 번째 갔을 땐 찾는 이가 드문 것인지 전시실 문을 잠가 놓고 있었다. 관리인을 찾아 문을 땄다. 관리인이 먼저 전시실 안으로 들어가면서 전등불을 켜 주었다.

그 순간 우리의 고려청자처럼 은은한 깊이를 가진 코발트색 타일이 시야에 들어왔다. 그게 뭘까 몇 걸음 다가갔을 때, 갑자기 소 한 마리가 내 가슴으로 날아들었다. '박물관이 살아 있다'는 환각에 사로잡혔다.

타일을 붙여 만든 약 2,500년 전 페르시아 제국 근위병의 모습.(영국 국립 박물관 소장). 수사 박물관에는 그보다 약 500년 전 만든 '날개 달린 소'가 있으나 촬영하지 못했다.

그것은 약 2500여 년 전 페르시아 제국 시절에 채색 타일을 이어붙여 만든 '날개 달린 소' 부조였다.

수사를 수도로 삼았던 엘람 왕국의 사람들은 아마도 채색 토기를 사용한 첫 인간들일 것으로 추성된다. 그들은 푸른색 혹은 녹색으로 채색한 채색 토기를 갖고 있었다.

엘람을 정복한 페르시아 제국 사람들이 그 타일들을 이어 붙여 부조 작품을 남긴 것이었다. 안타깝게도 카메라 배터리가 방전돼 촬영을 하지 못했다.

1년을 벼르고 별러 수사 박물관을 다시 찾았다. 그 작품을 한번 더 보기 위해서였다. 박물관 본관 입구에 '내부 수리 중' 팻말이 붙어 있었다. 관리실에 아무리 하소연해도 닫힌 문은 열리지 않았다.

그로부터 또다시 1년 뒤 루브르 박물관과 영국 국립 박물관에 갔을 때, 비슷한 걸 봤다. 역시 타일로 만든 페

르시아 궁수 부조로 수사 궁전의 어느 벽에선가 떼어 내 가져
온 것이리라. 그러나 어두운 박물관에 웅크려 있다가 불이 켜
지면서 갑자기 날아든 날개 달린 소의 감흥에 비할 수는 없는
일이었다.

유럽의 박물관에 있던 페르시아 유물들 가운데에서는 자신의
두 손으로 두 젖가슴을 떠받치고 있는 한 뼘 크기의 여신상들이
인상적이었다. 아마도 이란의 주요 박물관 수장고에는 '복장 규
정 위반'에 따라 전시되지 못하는 세상을 수유하는 모신, 풍요를
상징하는 어머니 상들이 무수히 잠들어 있을 것이다.

수사 박물관에는 작은 진흙 인형, 질그릇, 그리고 작은 항아리
등속이 진열돼 있었다.

박물관을 나와 도시를 빠져 나갈 즈음 높은 굴뚝에서 용암 같
은 불꽃이 타오르는 광경이 멀리서 나타난다. 아마도 석유 생산
시설일 것이다. 버스를 타고 지나가는데 그 도시의 종합 경기장
이 나타났고, 화염이 메인 스타디움의 성화대 역할을 하고 있었
다. 그게 건축가의 의도였는지는 모르겠다. 하지만 그 굴뚝 성화
대는 그곳 지하의 가스가 소진할 때까지 불타오를 것이었다.

'지금은 공사 중'. 다리우스 황제가 자신의 위업 과 정통성을 세 종류의 문자(엘람 어 · 바빌로니 아 어 · 고대 페르시아 어)로 바위에 새겨 넣은 비시툰(신의 거처) 비문 앞이다. 공사가 언제 끝 날지는 신만이 알 수 있다.

4

비문을 찾아서

: 바위에 새긴 불멸의 욕망

필멸의 인간, 불멸의 욕망

천하를 통일한 왕은 황제의 자리에 오른다. 그는 이제 세상 모든 땅의 주인이다. 지금의 유럽과 중국과 사하라 사막 남쪽의 아프리카는 그가 못 가서가 아니라 귀찮아서 안 간 거다.

그는 가만히 있고자 하여도, 만국의 백성이 그를 신으로 모시고 싶어한다는 상소문이 쇄도한다. 만백성의 열망을 빙자한 아첨꾼들의 간청을 뿌리치는 것도 한두 번이지, 황제는 못 이기는 척 신의 반열에 오르기로 한다.

황제는 더 이상 지상의 인간이 아니다. 그의 두 발은 흙을 묻히지 않은 채 공중에 떠 있다. 수호신에게 왕권의 상징물을 건네받을 때조차 황제가 화면의 중심에 자리할 뿐더러, 맡겨 놓은 것을 돌려받듯 한 손으로 건네받는다.

무신론자의 시각으로 보자면, 예수 또한 처음부터 신의 아들은 아니었을 것이다. 『쿠란』에 따르면 이슬람 창시자 무함마드는 그의 생전에 '신의 아들이 되어 달라'는 주변의 거듭된 요청을 끝끝내 사양하고, 기회가 닿을 때마다 자신이 '사람의 아들'이라고 강조한 인물이었다.

신이 된 황제는 그러나 죽음 앞에서는 인간이었다. 황제는 필멸이요, 신은 불멸이었다. 황제는 자기가 필멸한다는 사실을 세상에서 가장 잘 아는 사람이었다. 그는 만일에 대비해 불멸을 완성하는 모든 방법을 동원했을 것이다.

황제는 우선 자기가 인간의 운명을 넘어설 수 없다는 사실을, 즉 육체적 죽음을 인정하기로 한다. 그 다음에는 육체가 아닌 영혼의 불멸에 도전해 보기로 한다. 몸은 죽어도 영혼을 새에 위탁해 석양 너머 세상에서 다른 차원의 생을 이어갈 수 있다? 황제는 사제들의 이원론에 기꺼이 속아 주기로 결심한다.

전쟁터에서 무수한 죽음을 목격한 황제는 사제들의 세 치 혀 위에서 굴러다니는 불멸에 대한 담론을 그닥 신뢰하지 못한다. 자신의 근육이나 뼈처럼 단단하게 만져지는 기념비적 유산legacy을 남기기로 한다.

'광대의 몸짓도 악사의 연주도 그것을 기억하는 관객이 죽고 나면 흔적도 없이 사라지는 것. 나는 후세의 기억 속에서 영원히 살아남을 것이다.'

황제는 그렇게 생각했을 것이다. 페르시아 제국의 다리우스성경 이름 '다리오'는 BC 522년 사람의 손이 닿지 않는 높은 절벽의 바위에 '내가 누구인지를' 글과 그림으로 돋을새김했다. 바위의 불로불사 속에 자신의 유한한 삶을 새겨 넣었다. 그것은 유통 기한이 가장 긴 기억이 될 것이었다.

약 2,500년 후 다리우스 비문이 발견됐다. 거대 벽화는 바람에 깎여 문드러진 상태였으나, 탁본을 하면 그 형체를 알아볼 수는 있었다. 희미하게 남은 글씨들은 곧 세상을 보는 눈을 바꿀 것이었다.

헬로, 헤라클레스

드넓은 평원을 지나다 홀로 우뚝 서 있는 산이 나타난다. 이란 북서부 케르만샤 시내에서 약 30㎞ 떨어진 비시툰신의 거처이다. 바람은 시원하고, 수량은 풍부하다.

비시툰 지역은 수천 킬로미터 대장정에 지친 대상과 병사들의 쉼터였다. 페르시아 제국의 대동맥인 '왕의 길' 길목이었고, 훗날 비단길로 이용될 터였다.

암벽 등반가들이 탐낼 만한 깎아지른 수직 절벽이 하늘을 가리고 있다. 그 중간 높이에 절벽을 칠판 삼은 비문암각 부조이 있다.

버스에서 내렸을 때 가장 먼저 손님을 반긴 것은 헤라클레스였다. 절벽 중간에서 배부른 달마처럼 편히 누운 자세로 행인을 내려다보고 있었다. 나무 아래에서 사자 머리를 쓰다듬는 헤라클레스 조각상도 있다던데 그것은 보지 못했다.

헤라클레스는 그리스 문화의 영향을 받은 알렉산더의 후예 또

비시툰 입구의 헤라클레스 상像. 그리스 문화의 영향을
받은 것이다. 페르시아 인은 운동 선수의 수호신이기도
했던 헤라클레스를 좋아했고, 현대 이란 인은 지금도 고
대 올림픽 종목인 레슬링을 좋아한다.

는 페르시아 인들이 훗날 조각했으리라. 페르시아와 그리스가 톰과 제리처럼 싸우면서 서로의 문화를 주고받은 흔적이었다. 페르시아 인들은 헤라클레스를 좋아했고, 지금도 레슬링은 이란 스포츠에 금메달을 안겨 주는 효도 종목이다.

그러나 절벽의 모퉁이를 도는 순간, 불길한 조짐에 탄식이 새어나왔다. 여기도! 저 멀리 나무 비계들로 쌓은 성벽 같은 것이 다리우스 비문 앞을 가로막고 있었다. 혹시나 해서 가까이 갔으나 비문으로 향하는 계단도 막혀 있었다. 두 번 다시 일부러 가기 어려운 곳인데 헛걸음한 것이다. 멀리서 사진만 찍고 돌아섰다.

이란 여행과 이란 생활의 가장 큰 어려움을 꼽으라면 불확실성이다. 정보는 통제되고, 제공되지 않으며, 제공되는 정보는 신뢰하기 어렵다.

어딜 가든 '공사 중'일 때가 많은데, 미리 확인하기 어렵다. 가보고 싶은 곳은 일단 가 보는 것이다. 3대가 덕을 쌓아야 볼 수 있는 게 페르시아 유적들이다. 다만 하루를 바쳐서 갔다가 허탕치면 거기서 1박 하고 다음날 하루를 바쳐 다른 곳으로 이동하는 금쪽같은 시간이 아까워서 은근 부아가 치민다.

시간을 아낀다는 이유로 이란에서 국내선 비행기를 이용하는 것은 더 큰 모험이다. 서너 번에 한 번은 연발 또는 취소된다. 먼 지방에서 테헤란으로 돌아가는 마지막 밤 비행기의 출발 시각에 맞춰 공항에 도착했는데, 아무런 설명도 없이 운행이 취소되는 일이 흔하다.

불확실성을 줄이려면 오랜 승차로 몸이 고단하겠으나 버스나 기차가 낫다. 때때로 비행기보다 빠르고, 적어도 도착 시간을 예상할 수 있기 때문이다. 자전거나 오토바이, 그리고 렌트카는 지나치게 위험하므로 결코 권하지 않는다.

비시툰 비문, 고대 문자 해독의 꽃

다리우스 이전과 이후에도 왕들이 바위에 메시지를 남기는 경우가 있었다. 아케메니드 페르시아 제국 시절의 비문은 40개 정도가 발견됐다. 신에게 왕권의 정통성과 정당성을 부여받는 장면을 글과 그림으로 새겨 넣은 것들이다.

이 가운데 비시툰 비문BC 520은 '고대 문자 해독의 꽃이자 여왕'이다. 페르시아 제국의 비문 중 가장 길고 가장 많은 정보420줄에 18,900 단어를 담고 있기 때문이다.

다리우스는 무슨 이야기를 남기고 싶었을까. 그는 천하를 평정한 일화를 그림으로 보여 준다. 다리우스는 각각 창과 활을 든 2명의 신하와 서 있다. 왼발로는 왕을 사칭했던 가짜 황제를 즈려밟고 있다. 그 뒤로 반란을 일으켰던 8명의 호족들이 포승줄에 묶인 채 굴비 두름처럼 한 줄로 서 있다.

가장 중요한 삽화는 날개가 달리고 수염이 난 아후라 마즈다가 다리우스에게 왕권을 상징하는 링을 전하는 장면이다. 다리우스는 후손 없이 왕이 급서한 뒤 권력 투쟁을 통해 많은 정적들을 물리치고 대권을 잡은 방계 혈통의 왕족이다. 신으로부터 권력을 하사받았다는 '자기 소개서'로 정통성에 대한 약점을 방어하고 싶었던 게다.

다리우스는 제국의 경영자답게 '자소서'를 세 종류의 문자엘람어 · 바빌로니아 어 · 고대 페르시아 어로 적었다. 그 이전의 어떤 나라에서도 자신들의 언어가 아닌 것을 비문에 새긴 적이 없었다 하므로, 그게 처음이었다.

고대 페르시아 어 문자는 다리우스가 자신의 비문을 위해 창제한 것이라고 한다. 엘람 어는 제국에서 가장 익숙하고 중요한 문자였다. 페르시아 인이 이란 고원의 주인공이 되기 전부터 토착 민족이 사용했던 것으로 페르시아 제국 행정 문서의 언어였다. 바빌로니아 어는 중세의 라틴 어에 해당했다. 오래된 학문의 용어이자 정복자의 언어였다. 소통보다는 권위의 상징이라는 이유로 새겨 넣었다는 것이다.

각개격파로는 어느 하나 해독할 수 없었던 고대 언어들이 서로를 비추면서 봉인을 해제했다. 서양인은 그때까지 성경과 그리스 · 로마의 역사책을 통해 페르시아 역사를 썼다. 이제 페르시아 황제가 그의 육성을 원음으로 들려줄 차례였다.

사산 왕조 조각 예술의 보고인 타게보스탄의 비문 앞에서 석공이 '아찔한' 망치질을 하고 있다. 머리 위 마애부조는 '제왕 서임식' 같다. 조로아스터교의 신으로부터 왕권을 상징하는 링을 건네받고 있다.

쐐기문자 판독 과정

고대 페르시아의 언어들을 판독한 학자들은 대개 '페르시아인=야만인'이라는 것을 증명하고 싶었던 유럽의 오리엔탈리스트들이었다. '유럽 인'이라는 자의식 자체가 고대 그리스 때 페르시아와의 전쟁을 통해 가성된 터였다.

쐐기문자가 유럽 인의 눈에 들어온 것은 1618년이었다. 페르시아 주재 스페인 대사가 고대 페르세폴리스에 놀러갔다가 돌에 새겨진 글씨를 봤다.

1657년 드디어 페르세폴리스 쐐기문자에 대한 필사본이 나왔다. 쐐기문자를 그림 그리듯 베낀 것을 책으로 낸 것인데, 거의 두 세기 동안 알아낸 것은 그 쐐기문자들이 한 종류가 아니라 세 가지 종류의 문자라는 사실이었다.

1802년 독일의 한 고교 교사는 쐐기문자가 알파벳이 아닌 음절 문자라는 것을 알아냈다. 그리고 몇몇 글자를 판독해 냈다.

연구자들은 비문의 주인공인 왕의 이름과 그 왕을 칭하는 '왕중왕'이란 관용구가 분명히 있을 것이며, 그것도 여러 번 있으리라고 확신했다. 제일 먼저 밝혀진 단어는 '다리우스', '크세르크세스' 등이었다. (배철현, 「고대 페르시아 제국의 언어들과 비문들」)

이런 와중에 1830년대에 영국 장교인 헨리 롤린슨은 페르시아군에 대한 근대식 훈련 교관으로 파견됐다. 그는 주민들이 일러

다리우스가 자신의 비문을 위해 창제한 고대 페르시아 문자가 페르세폴리스 부조에 남아 있다.

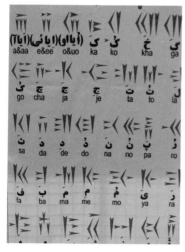

해독된 고대 페르시아 문자의 발음을 각각 페르시아 어와 영어 알파벳으로 적어 놓았다.

준 다리우스의 비시툰 비문에 흥미를 느꼈다. 그 자신이 죽음을 무릅쓰고 수직 절벽을 올라 탁본을 뜨곤 했다. 그가 고용한 쿠르드 족 소년이 가장 위험한 곳에 접근해 탁본을 뜸으로써 비문 전체를 복사하는 데 성공했다. 그는 10여 년간 연구 끝에 세 가지 언어 중 고대 페르시아 어 일부를 해독했다.

비시툰 비문의 언어를 해독하기 이려웠던 이유 중 하나는 바빌로니아 어와 엘람 어가 각각 '고립어'였기 때문이다.

19세기 중엽에 고대 페르시아 어가 거의 읽혀졌다. 이를 토대로 다른 문자들의 음가音價를 하나씩 확보해 나갔을 것이다. 언어학이 아니라 암호학의 방법론으로 문자의 소리를 밝혀 냈다.

쐐기문자 판독은 수메르 어메소포타미아 문명의 언어 판독으로 이어졌다. 19세기말에 '수메르의 왕'이라는 수메르 문자가 판독됐다.

"장대한 문이 활짝 열리고 고대의 생생한 목소리가 쏟아져 나왔다. 수메르 시장의 부산함, 아시리아 왕들의 포고문, 바빌로니아 관료들의 논쟁……. 롤린슨 같은 근대 유럽 제국주의자들의 노력이 없었더라면 우리는 고대 중동 제국들의 운명에 대해 많은 것을 알지 못했을 것이다."(유발 하라리, 『사피엔스』)

기원전 26세기쯤 수메르 인들이 점토판에 썼던 세계 최초의 영웅 서사시『길가메시 이야기』역시 그 이전까지 지렁이 글씨의 집합에 불과했다. 베일이 벗겨지자 많이 보던 이야기들이 쏟아졌다. 신의 모습을 닮은 인간의 창조, 여자의 유혹과 성, 신만이 갖고 있던 지혜의 습득, 대홍수로 인간을 절멸시키려는 신의 계획, 대홍수에서 유일하게 살아남은 사람…….

구약의 말씀은 하늘에서 떨어진 말씀일까. 유대인의 바빌론 유수 이후 흘러든 이야기들은 없을까. 오리엔탈리스트들이 '닫혀라 참깨'라는 주문을 외기에는 너무 늦어 버렸다.

페르시아 제국이 당시의 글자, 문명, 문화를 한 자리에 모아 놓은 덕분에 고대사의 비밀이 드러났다. 이것은 곧 유럽인들이 자신들 문화의 한 뿌리를 재발견하는 계기가 된 것이기도 했다.

고대 페르시아 문자를 활용한 현대 이란의 미술 작품.

죽은 자들의 도시, 나크시에로스탐

페르세폴리스 인근 나크시에로스탐로스탐의 그림은 그리스 인들이 '네크로폴리스'죽은 자들의 도시라고 부르는 곳이다. 다리우스 · 크세르크세스 · 아르타크세르크세스 등 고대 페르시아 제국의 왕 4명의 무덤이 있는 곳이기 때문이다.

거대한 암벽을 절벽처럼 깎은 뒤 높은 곳에 굴을 파서 왕과 그의 부인 등 가족묘를 만든, 바위 속 무덤이다. 독수리가 다 뜯어 먹고 남은 뼈를 모아서 넣어 두었으리라. 새들은 지금도 무덤 속을 드나들며 지저귀고 있었다.

사람이 기어오르기 어려운 높은 곳에 십자가 모양으로 파인 데가 무덤 입구라고 한다. 원래 입구는 도굴 방지를 위해 바윗덩어리 문으로 막아 놓았다고 하나, 그 정도 어려움을 해결하지 못한다면 도굴꾼이 아닐 것이다.

다리우스 무덤 비문에는 이렇게 써 있다고 한다. "아후라 마즈다는 위대한 신이다. 그는 이 땅을 창조했다. 그는 저 하늘을 창조했다. 그는 인간을 창조했다. 그는 인간을 위해 기쁨을 창조했고, 그는 수많은 지배자와 왕들 중에서 다리우스를 왕으로 만들었다."

다리우스 왕의 제국은 훗날 알렉산더에게 망했다. 그로부터 약 500년 뒤 선조들의 위대한 제국을 계승한 사산 왕조AD 226~651

나크시에로스탐에 있는 마애부조의 하나로 조로아스터교의 최고 신인 아후라 마즈다(오른쪽)가 사산 왕조 페르시아의 창시자인 아르다시르 1세에게 왕권을 상징하는 링을 건네고 있다.

는 다리우스 왕의 무덤 왼쪽 아래에 선조들의 영웅담을 8점의 마애부조에 새겨 놓았다.

그중에는 사산 왕조의 샤푸르 왕에게 자비를 구하는 3명의 로마 황제를 묘사한 작품도 있다. 알렉산더에 의한 망국의 한을 로마에 대한 승리의 기억으로 상쇄시키자는 심산이었을 것이다.

나크시에로스탐 부조 가운데 가장 오래된 것은 '아르다시르 1세의 서임식'이다. 왕과 신아후라 마즈다이 각각 말을 타고 있다. 신은 왼손에 막대기 모양의 '바르솜'을 든 채, 오른손에 쥐고 있던 '다이어뎀'을 왕에게 건네주려는 참이다. 이미 머리에 또 다른 다이어뎀을 쓰고 있는 왕은 신과 대등한 자세로 또 다른 다이어뎀을 받는다. 다이어뎀은 두 가닥의 리본이 달린 둥근 고리 형태의 머리띠로서 왕권을 상징한다. 반원 형태의 다이어뎀을 '티아라주름잡힌 왕관형 띠'라고 한다. (채해정, 「페르시아 사산 왕조의 미술」)

두 마리 말은 각각 신과 왕의 적을 짓밟고 있다. 그 말에 부조의 주인공아르다시르 1세와 아후라 마즈다 이름이 새겨져 있다.

타게보스탄, 사산 왕조 조각 예술의 보고

케르만샤 시내에 타게보스탄아치의 파라다이스 마을이 있다. 바위 비문의 전성시대였던 사산 왕조의 조각 예술 가운데에서도 뛰어난 작품들이 모여 있다.

비시툰에서 30㎞ 거리다. 자동차로 '왕의 길'을 달리면 잠깐 사이에 고대 페르시아 제국으로부터 1,000년 후의 중세 페르시아 제국으로 시간 여행을 하는 것이다.

사산 왕조의 문화는 페르시아 고유의 문화에 그리스·로마 문화를 융복합한 특성을 지녔다고 한다. 통일신라 역시 당나라를 거쳐 사산 왕조와 교류한 흔적이 역력하다. 경주에서 출토되는 서역풍風의 유물들이 그것을 웅변한다.

바위에 새긴 사산 왕조 제왕들의 부조는 신성한 왕권의 정통성을 강조하고 왕실의 영속성을 널리 알리는 용도였다.

타게보스탄의 마애부조 가운데에서는 석굴 안에 새긴 '제왕 서임식'이 인상적이다. 주인공은 호스로우 2세AD 590~628인 것으로 보인다.

중앙의 왕과 양옆 신들이 모두 정면을 향하고 있다. 아후라 마즈다화면 오른쪽와 아나히타화면 왼쪽, 페르시아의 물의 여신는 각각 오른손에 쥔 다이어뎀을 왕에게 건네고 있다.

왕은 오른손으로 아후라 마즈다가 주는 다이어뎀을 받고, 왼손으로는 칼을 쥐고 있다. 왕관 중앙에는 작은 초승달이 있고, 왕관 양옆에는 새 날개 장식이 있다.

석굴 양쪽 벽에는 왕이 멧돼지와 사슴을 사냥하는 장면이 있다. 코끼리를 탄 사람들이 왕에게 멧돼지를 몰아 준다. 왕은 배에서 멧돼지에게 활을 겨눈다. 왕 주변의 작은 배에서는 악사들

신(오른쪽)에게 왕권의 상징물을 한 손으로 건네받는 페르시아 황제의 위엄을 보여 준다.

이 연주하고 있다.

왕과 신하들의 옷에 아로새겨진 문양은 회화를 부조로 옮겨 놓은 것 같다. 왕의 겉옷에 묘사된 상상의 동물은 개의 머리와 몸통, 새의 날개와 꼬리를 갖고 있다. 이는 사산 미술의 중요한 장식 문양 중 하나다. (채해정, 「페르시아 사산 왕조의 미술」)

호스로우 2세는 음악을 좋아했다. 신하들은 나쁜 소식이 있으면 음악으로 먼저 왕의 마음을 달랜 후, 보고를 했다고 한다.

왕을 알현할 땐 바닥에 입을 맞추고, 손수건이나 손으로 입을 가리고 있다가 왕의 허락이 떨어지면 말할 수 있었다. 알현이 끝나면 뒷걸음질로 물러났다.

로마 황제를 사육한 비샤푸르의 부조

혹시 버스를 타고 페르세폴리스와 수사를 가는 길이라면, 알
보르즈 산맥을 넘다가 비샤푸르 샤푸르가 만든 도시를 들러 보시라.

사산 왕조 제2대 왕 샤푸르 1세 재위 241~272는 로마에게 3전 3승
을 거둔 '로마 킬러'였다. 그중 한 번은 로마 황제를 산 채로 잡아
와 페르시아 땅에 신도시를 지어 주고 평생을 거기서 살게 했다.

샤푸르의 첫 번째 승리는 로마 황제 고르디아누스 3세 재위
238~244를 죽인 것이었다.

두 번째 승리는 고르디아누스의 뒤를 이은 필리푸스 재위
244~249 황제가 평화 조약을 요청하자, 로마에게 전쟁 배상금으로
50만 황금 동전을 받아 낸 것이었다.

샤푸르는 또 에뎃사 지금의 터키 남부 전투에서 로마 황제 발레리
아누스 재위 253~260를 생포했다. 샤푸르는 이 승리를 페르시아 이
곳저곳에 바위 그림으로 기록했다. 다음은 그 비문의 하나다.

"발레리안은 29개 유럽 부족 비문에는 이름 하나하나를 다 적시으로 구
성된 군대와 함께 전투에 임했다. (중략) 우리는 완벽한 승리를 거
두고 발레리안을 포로로 잡았다. 우리는 그의 수많은 장군들, 원
로원 의원들, 고위 장교들을 전쟁 포로 총 7만 명로 잡아 페르시아
각지로 유배 보냈다."

이란 인 가이드에 따르면, 샤푸르는 1년에 한 번 신도시를 방

문혔다고 한다. 로마 황제는 거기서 로마 포로들을 '거느리며' 살았다. 로마 황제는 페르시아 황제가 말에서 내릴 때 납작 엎드려 자신의 등을 밟고 내려오도록 했다고 한다.

영국 역사가 에드워드 기번은 『로마 제국 쇠망사』에서 "사슬에 묶인 발레리안은 몰락한 귀족의 모습으로 비춰졌고, 페르시아 왕은 말에 올라탈 때미다 로마 황제의 목을 발판으로 삼았다."고 적었다.

샤푸르는 비샤푸르의 강 양쪽 바위에 6개의 부조를 만들었다. 왼쪽 기슭 부조에서는 3명의 로마 황제를 한 화면에 배치해 승리의 기쁨을 극대화했다. 그게 '샤푸르의 승리'다.

말 탄 왕 뒤에 왕에게 손목을 잡힌 발레리아누스 황제가 있다. 말 아래에는 고르디아누스가 엎드려 있다. 왕 앞에는 평화를 요청하는 황제 필리푸스가 무릎을 꿇고 있다.

현재 비샤푸르는 폐허다. 로마 황제가 살았다는 궁터에는 잡초와 키 작은 들꽃만 무성하다. 주춧돌이 일부 남아 햇볕 아래 졸고 있을 뿐이다. 돌계단을 따라 한 개 층을 내려가자 저 옛날에 자그로스 산맥의 눈 녹은 물을 끌어들였을 저수조만 덩그러니 남아 있다. 수로를 타고 졸졸 흘러온 물이 저수조 꼭대기에 있는 황소상의 입을 통해 떨어져 내렸을 것이다.

로마 황제는 왜 자살하지 않았을까. 일년에 한 번 '디딤돌 치욕'만 참아 내면 나머지 세월엔 황제 노릇을 할 수 있기 때문에?

페르시아 황제 샤푸르가 로마 황제 발레리
아누스를 생포해 '사육'했던 신도시 비샤푸
르의 한 이정표. 물의 여신 아나히타를 모셨
던 사원과 발레리아누스의 궁전이 한 방향
에 있다.

비샤푸르의 로마 황제 궁터에 로마 스타일의 수세식 화장실 흔적이 남아
있다.

자신의 삶 자체가 전쟁 포로로 잡혀 온 로마 인에게 희망이기 때문에? 자신의 저항이 다른 로마 인에게 더 나쁜 결과를 초래하기 때문에?

경남 함양군의 지리산 자락에 다녀온 적이 있었다. 어느 유적지 안내문에 따르면, 여섯 가야 중 어떤 가야의 마지막 왕은 신라의 침공 앞에서 백성의 희생을 막으려고 나라를 신라에 바쳤다고 한다. 인근의 다른 유적지 안내문에 따르면, 또 다른 가야의 마지막 왕은 백성과 함께 끝까지 싸우다 신라에 패망했다고 한다. 둘 다 그럴 만한 이유가 있었으리라.

포로로 잡혀 적국의 땅에서 사육당하는 로마 황제는 무슨 생각이었을까. 궁터 맞은편 부조에는 그 로마 황제의 굴욕이 새겨져 있을 것이었다.

그러나 그곳도 '공사 중'이었다. 철제 파이프가 암벽 앞을 가로막고 있었다. 암벽으로 물이 흘러내리면서 암벽이 그을린 듯 검었다. 부조 역시 들고남이 문드러져 탁본 아닌 육안으로는 그림의 형체를 파악하기 어려울 듯했다.

메멘토 모리

'메멘토 모리.'죽음을 기억하라 인간은 반드시 죽는다는 사실을 기억하라. 옛 로마에서 개선장군이 시가 행진을 할 때 노예를 시켜 행렬 뒤에서 큰소리로 외치게 했다는 말이다. 승리와 패배는 병가兵家의 일상사日常事이고, 승자도 패자도 다 죽을 운명인 것을.

생의 유한성을 바위의 불로불사에 새겨낸 페르시아의 마애부조. 인생이 짧은 것은 확실하지만 바위인들 영원할까. 모래를 몰고 다니는 바람은 영원한 것일까. 오늘의 바람은 어제의 바람이 아닐 것이다.

예술 장르 가운데 연극이야말로 삶의 유한함과 가장 닮아 있다는 생각을 한 적이 있다. 연극을 기억하는 최후의 관객이 죽으면 그 연극은 완전히 소멸하는 것이기 때문이다. 그에 비한다면 시는 불멸에의 욕망을 지우지 못한 미련의 흔적이다.

글 쓰는 일이 다 업을 쌓는 일 같은데, 인터넷 공간은 모든 글을 잊혀질 권리조차 없는 화석으로 저장시킨다. 나는 죽고 내가 쓴 글이 세상을 떠돈다면 죽어서도 부끄러울 것 같은데, 지금 나는 무슨 짓을 하고 있는 것인가.

5

페르세폴리스*Persepolis*

: 신이 보시기에 아름다워야 했던 왕중왕의 도시

"아름다움이 적을 이긴다"

"나는 아후라 마즈다조로아스터교의 주신와 다른 모든 신의 뜻에
따라 이 궁전을 짓는다. 가장 안전하고 아름다우며 장엄한 궁전
을 만들고자 한다."

다리우스성서 이름 '다리오' 황제는 페르세폴리스 궁 건축의 3원칙
을 초석에 밝혔다.

그 궁은 '왕중왕'인 자기 자신의 거처였으므로 세상에서 가장
안전한 건축물이어야 했다. 궁은 또한 노루즈조로아스터교의 새해, 3
월 21일 춘분 때 신에게 제사 지내기 위한 궁궐이었으므로 신이 보
시기에 아름다워야 했다. 그리고 궁은 만국의 사신들이 모이는
제국 통치의 총본산이므로 위엄이 있어야 했다.

그중에 제일은 아름다움 아니었을까. 성서에서도 신이 세상을
창조한 후 '보시니 참 좋았다'(창세기 1:31)고 했다. 또한 황제가 세
상 모든 것을 손에 쥔 다음 따분한 삶을 견디기 위한 마지막 몸
부림은 미에 대한 헌신일 수 있다. 삶의 궁극적 기쁨은 아름다움
의 창조에 있다.

페르시아 황제들이 그렇게 고상할 이치가 없는 야만인이라고

생각하신다면, 페르시아 황제들은 '겉멋'이 제국의 통치에 도움 되리라는 속물적인 예술관 정도는 지녔다고 치자.

그리스 원정에 실패한 뒤 대를 이어 궁의 완성에 심혈을 기울인 크세르크세스 황제도 비슷했다.

"이 만국의 문과 아름다운 궁을 우리의 수호신 아후라 마즈다의 명령에 따라 여기 짓는다. (중략) 아름다운 모든 것은 아후라 마즈다의 은혜 덕분이다. 아후라 마즈다여, 우리 제국과 저를 끝까지 보호하소서."

페르시아 제국이 신의 보호 아래 만세萬歲를 누려야 하는 이유는 단 하나. 아름답기 때문이다. 그게 페르세폴리스 궁의 이념이었다.

모든 것들의 앙상블

페르시아 제국은 그냥 전 세계였다. 지금의 이란, 메소포타미아, 시리아, 이집트, 터키, 그리스 일부, 중앙아시아, 코카서스, 그리고 인도 일부 지방까지 아울렀다. 2,500년 전 제국의 인구는 약 2천만 명이었다.

제국은 세 개의 궁을 갖고 있었다. 사우나처럼 뜨거운 수사에는 겨울 궁, 지대가 높아 서늘한 하메단성경 '악메다'에는 여름 궁, 신년춘분맞이 제사와 축제 용도의 봄 궁페르세폴리스 궁이 있었다.

페르세폴리스 궁 초입의 '만국의 문.'

만국의 문을 지키고 서 있는 반인반수의 라마수신화
속 동물. 일종의 스핑크스이자 사천왕인데, 약한 이미
지다. 제국의 위용을 과시하려 했다면 얼굴은 소뿔,
몸통은 독수리발톱로 했을 것이다. 페르세폴리스 궁
의 건축 이념은 하드 파워보다는 스마트 파워평화였
던 듯하다.

페르세폴리스 궁은 다리우스 즉위 직후인 BC 522년쯤 착공했다. 손자 아르타크세르크세스 왕 때까지 3대에 걸쳐 약 60년간 지었다. 120년이 걸렸다는 설도 있다.

그 궁은 배산임야背山臨野의 명당에 5만 평 규모로 세워졌다. 궁궐 크기는 가로 300m, 세로 450m였다. 지붕의 채광, 가느다란 기둥, 황금의 천장, 회랑의 부조……. 궁은 당대 인류의 최첨단 문화가 융복합된 살아 있는 박물관이었다. 유네스코 세계문화유산으로 지정된 이유가 이렇다.

"이 모든 것들의 앙상블은 세계에서 가장 큰 건축학적 유적으로, 역사상 유례를 찾을 수 없는 고대 문명의 독특한 자질을 보여 주는 증거로 평가된다."

헤로도토스는 "어떤 나라들도 페르시아만큼 외국 관습을 기꺼이 채택하지는 않는다."고 했다. 페르세폴리스 궁에서 동양과 서양그리스의 석조 건축과 미술이 만나고, 이것이 다시 로마로 건너갔다. 페르세폴리스 궁은 눈밝은 이에게는 건축사의 보고寶庫인 것이다.

불사의 친위대, 임모탈

페르세폴리스는 지금의 뉴욕 같은 도시였다. 당시 최대의 국제 도시였을 것이고, 당대 최고의 문물이 오가는 첨단 도시였으며, 그때까지 인류가 이뤄 놓은 모든 문화의 복합체였을 것이다.

불사 친위대Immortals는 그곳을 지키는 왕의 친위부대였다. 최강의 전사 1만 명으로 조직됐는데, 한 사람이라도 죽으면 다른 군인으로 보충돼 늘 같은 숫자를 유지했다. 이민족들은 아무리 페르시아 군인을 죽여서 그들의 시체를 산처럼 쌓아 놓아도 이튿날 똑같은 숫자로 다시 나타나는 것을 보았다. 이민족은 임모탈이 나타나면 칼로 물을 베는 듯한 무의미와 공허에 겁이 나서 저항 의지를 상실했을 것이었다.

헤로도토스는 "페르시아 인들은 오로지 세 가지 기술, 즉 승마와 활쏘기 그리고 진실 말하기를 배운다."고 했다. 페르시아 젊은이들은 의무적으로 군 복무를 했는데, 화랑처럼 50명이 한 조를 이루고 특수 부대처럼 생존 훈련과 악천후 견디기 같은 고난도의 훈련을 받았다.

이 모든 군인 가운데 가장 뛰어난 이들이 왕의 남자이자 왕의 군대, 불사 친위대였다. 그들은 원래 다리우스가 왕이 될 때 생사를 함께 했던 소대 규모의 부대였다. 그들이 주군을 도와 제국을 건설했으니, 한 명 한 명이 건국의 일등 공신이었다. 그들은 다리우스와 제국을 위해서라면 목숨 따위 내놓는 일은 오히려 영광이었을 것이다.

불사 친위대는 금으로 도금된 장창을 들고 있었다. 등에는 큰 활통을 멨다. 허리춤에는 칼도 찬 것 같다. 주름진 우아한 군복

궁 벽면의 '불사 친위대'Immortals 부조. 검은색 석재에 돋을새김을 해서 온통 검게 보이지
만, 금으로 도금된 장창에 황금 머리띠, 주름진 우아한 제복을 입고 있어서 매우 화려했을
것이다. 하지만 어떤 화려함도 죽음을 각오한 〈300〉의 전사를 쉽게 넘어설 수 없었다.

을 입었다. 머리에는 '티아라'주름잡힌 왕관형 띠를 썼다. 불패의 부대였으나, 영화 〈300〉의 전사들에게는 치욕을 맛보았다.

전 세계의 사신들은 수개월간의 고투 끝에 조공품과 함께 페르시아의 수도 페르세폴리스에 당도했을 것이다. 멀리 건물 전체가 금빛으로 찬란한 페르세폴리스 궁이 보이면, 불사 친위대가 사신을 반기며 호위를 빙자해 밀착 감시를 펼쳤을 터이다.

만국의 문

사신들은 말을 타고 각각 10㎝ 높이인 111개 계단을 오른다.

자, 이제 입궁이다. 사신들은 말에서 내려야 한다. 사신들은 지금부터 국가 대표 특사라기보다는 각 제후국 신민臣民의 일원이다. 친위병에게 몸 수색을 당하고, 황제를 알현할 때의 몸가짐이나 마음가짐에 대한 굵고 짧은 브리핑을 들을 것이다.

"눈 깔아. 바닥에 코 박은 채 납작 엎드려 있어. 그리고 숨만 쉬어. 황제 폐하께서 묻는 말에만 짧게 대답하고, 입은 뻥끗도 하지 마."

이런 내용 아니었을까. 주의 사항은 굵고 나지막한 목소리로 짧게 전달됐을 것이다. 그러면 역관이 좀 더 부드러운 어투로 순차 통역을 해주었을 것이다.

궁의 시작은 '만국all nations의 문'이다. '만국'은 제국 내 28개 민족과 부족이었다. 칼 마르크스가 "만국의 노동자여, 단결하라."
고 했을 때, 그 만국은 유럽이었을 것이다.

만국의 문 입구에는 반인반수의 라마수^{수염난 남자 얼굴에 사자의}라는 스핑크스 두 쌍이 사천
^{몸, 독수리 날개에 소 발굽을 지닌 신화 속 동물}
왕처럼 서 있다. 사신들은 압도적인 규모와 더 압도적인 아름다
움 앞에서 다리의 힘이 풀렸을 것이다.

그런데 사천왕이 덩치에 비해 약한 이미지다. 얼굴은 사람^{지혜},
몸통은 소^{강인함}, 날개는 독수리^{자유}다. 제국의 위용을 과시하려
했다면 얼굴은 소^뿔, 몸통은 독수리^{발톱}로 했을 것이다. 페르시아
는 군사력보다는 문화의 부드러운 힘으로 상대를 제압하고자 했
었나 보다.

특히나 사신들은 사천왕에 구현된 디테일들이 낯설지 않다.
숨은그림찾기를 하듯 두리번거리게 된다. 자기네 나라에서 가져
온 재료, 자기네 나라에서 파견했던 명장들의 손길, 자기네 나라
의 고유한 스타일이 구현된 미술이나 건축을 곳곳에서 발견하는
재미가 자못 쏠쏠하다.

만국의 문 양쪽 벽면에는 19세기 이후 관광객들이 남긴 낙서
들이 즐비하다. 끌이나 칼로 파내서 돌에다 이름을 새긴 것인데,
가장 오래된 낙서는 독일인 신혼부부로 추정되는 사람들이 남긴
1810년 작이다. 주로 유럽과 미국 사람이 이름을 남겼다. 뒤늦게
중국인들이 가세했다. 한국인의 낙서는 보지 못했다.

만국의 문 주변의 낙서 가운데 가장 오래된 1810년 작. 독일의 신혼부부가 남긴 것 같다. 뒤늦게 중국인이 가세했고, 아직 한국인의 낙서는 없다.

28개 민족의 조공 행렬과 보물 창고

페르시아는 아름다움과 힘이 결합된 '스마트 파워'로 사신들을 감화시켜 자발적인 복종을 유도하는 프로그램을 짰을 것이다.

궁은 일개 국가나 부족이 상상할 수 없이 아름다웠다. 그 규모가 놀랍고, 그 덩치를 완성시키는 디테일 하나까지 놀라운 것이었다. 만국은 페르시아 제국의 일원으로 남는 것이 생존과 번영의 필수조건이라는 점을 스스로 느끼게 될 것이다.

황제가 머무는 알현전으로 가는 회랑 벽에는 지금도 '조공 행렬도'의 일부가 남아 있다. 조공 행렬도는 28개국 사신의 서로 다른 헤어스타일과 의상과 신발의 특징까지 다 잡아 놓았다. 그들이 수개월간 삼만리에 걸쳐 이고 지고 끌고 온 보물과 특산물 또한 돋을새김으로 묘사해 놓았다.

에티오피아 사신은 곱슬머리인데, 기린을 끌고 상아를 메고 도착했다. 사신 일행은 나일 강을 따라 이집트까지 가서 산 넘고 물 건너며 사막을 횡단하는 만리장정을 펼쳤을 것이다. 처음에 기린 몇 마리를 데리고 출발했는지는 모를 일이지만, 거기까지 죽지 않고 따라온 기린 역시 용하다.

고깔모자 쓴 스키타이 사절은 모직물을 들고 있는데, 등 뒤에 칼을 숨기고 있는 모습이다. 아마도 스키타이 사절은 그 언젠가 칼을 들고 알현궁에 들어가 소동을 일으킨 적이 있었던 모양이다.

엘람은 사자를 바쳤다. 젖이 탱탱 불어 있는 암사자가 두 마리 새끼를 뒤돌아보며 울부짖고 있다. 리디아는 수레, 바빌로니아는 물소, 아랍은 외봉 낙타, 인도는 향신료, 아프가니스탄은 쌍봉 낙타, 이집트는 양모를 바쳤다. 아시리아는 양을 몰고 왔다기보다는 양을 끌고 온 모양새다.

키루스 대제의 어머니 국가인 메디아는 사신의 행렬이 가장 길다. 게다가 페르시아 안내인이 직접 사신 손까지 잡아 주고 있다. 페르시아는 살모사처럼 어머니의 나라를 자양분 삼아 제국을 건설했지만, 죄스런 마음을 품고 특별히 대접했던 것 같다.

황제는 진상품을 받으면 한 턱 크게 답례품을 하사했다. 피정복 민족의 조공은 '남는 장사'였던 듯하다. 조선은 가까운 명나

28개 조공국 사신들의 모습이 새겨진 '조공 행렬도'의 일부. 암사자가 뒤돌아보며 울부짖고 있다. 암사자 젖은 탱탱 불어 있다. 뒤따라 오는 새끼들이 배고파 울고 있기 때문일 것이다. 사자는 이란 고원의 첫 왕국이었던 '엘람'의 진상품이었다.

조공 행렬도에 묘사된 각국 사신들의 신발 패션.

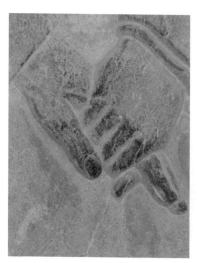

조공 행렬도의 메디아 사신. 메디아
는 페르시아 제국을 연 키루스의 어
머니 만다나의 나라다. 특별히 손을 잡
고 모셔 오라는 왕의 명령이 있었던
모양이다.

라 베이징에 시도 때도 없이 조공을 갖다 바치는 무역으로 재미를 보았지만, 페르시아의 제후국들은 어땠을지. 페르세폴리스에 이르는 멀고 험난한 길 때문에 선뜻 길을 나서기가 어려웠을 법하다.

조공 행렬도 뒤편에는 '보고寶庫', 말의 진정한 의미에서 보물 창고가 있었다.

『플루타르크』에 따르면, 기원전 330년 페르시아를 정복한 알렉산더는 이곳 보물 창고를 털어 고국으로 실어 보냈다. 그때 2만 마리의 노새와 5천 마리의 낙타가 동원됐다. 당시 그리스 재정의 100배에 해당하는 금품이었다고 한다.

보물 창고만 털어 가지는 않았을 것이다. 본래 궁궐에 있는 모든 조각상의 주요 부위에는 보석을 박았다. 지금은 굴러 떨어져 깨지고 쪼개진 조각상들이 더러 남아 있는데, 그것들의 눈이나 부리 부위에는 마마 자국 같은 게 있다. 보석을 박아 넣었던 부위, 그러니까 가장 빛나던 곳이 지금은 흉터로 남았다.

이란 사람들은 알렉산더가 세상 전부를 정복하고, 세상 전체를 파괴했다고 믿고 있다. 페르세폴리스 궁이 완전히 망가진 것은 알렉산더의 방화放火 때문이라는 주장이다.

사연인즉슨 이렇다. 알렉산더는 페르세폴리스 점령 후 궁궐에서 잔치를 벌였다. 한창 흥이 났을 때 한 무희가 "우리를 괴롭힌 페르시아 왕이 살던 이 궁전을 불태워 버리면 얼마나 통쾌하겠습니까?"라고 말했다. 다음날 술에서 깬 알렉산더는 자신의 경솔함을 후회했다고 한다.

궁은 기둥과 벽을 돌로 지었으나, 지붕이 목조였다. 숭례문처럼 순식간에 전소되면서 무너져 내렸을 것이다. 이후 2,500년간 마을 사람들이 집을 짓느라 기둥을 빼내어 갔다. 근대 이후에는 유럽인들이 부조와 석상을 가져갔다.

'타고 남은 재'만으로도 페르시아 제국의 영화를 짐작케 한다. 궁궐 앞 기념품 가게에서는 궁의 전모를 3D로 입체 복원한 DVD를 판다. 너무 화려하고 아름다워서 차라리 욕이 나올 지경이었다.

궁 입구 바닥의 점토판. 각 조별 노동자들의 월급 명세서라고 한다. 페르시아 제국 건설 현장의 인부들은 노예가 아니라 노동자였다는 것이다.

지상 최대의 파티

궁 여기저기에서 황소나 말을 난폭하게 물어뜯는 사자 부조가 등장한다. 페르시아의 새해 첫날춘분 별자리를 묘사한 것이라고 한다. 황소자리가 물러나고 사자자리가 나오는 때라고 한다. '뜨는 해' 페르시아의 상징이기도 할 것이다.

드디어 궁전의 중심, 황제가 거처하는 알현전이다. 20m 높이의 기둥머리에는 황소와 뿔 달린 사자 석상石像이 올려져 있다. 기둥머리는 이집트 양식의 꽃무늬로 마감했고, 기둥머리 사이의 둥근 천장은 이오니아식이라고들 하는데, 아는 만큼 보일 것이다.

알현전에 들어가 봐야 사신들은 황제를 볼 수 없었다. 황제와 사신 사이에는 휘장이 드리워져 있었다. 사신들은 황제를 보아서도 안 되고, 사실 황제는 잘 보이지도 않는 높은 곳에 앉아 있었다.

황제는 발판 위에 발을 올려놓고 의자에 앉아 있었다. 그는 땅과 흙을 발로 밟는 존재가 아니기 때문이었다. 새해를 축하하는 모종의 제사가 열렸을 것이다. 황제는 사신들의 노고를 치하하고, 이곳에서 편히 쉬고 즐기기를 바란다고 했을 것이며, 무사히 돌아가서 만국의 왕들에게 건강과 안녕을 전해 달라고 했을 것이다.

뒷걸음질로 나온 사신은 손님을 위한 대기실이자 연회장인 백

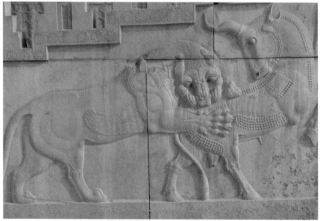

사자가 황소의 엉덩이를 물어뜯는 모습의 부조. 페르시아의 새해 첫날은 춘분인데, 이때 황소자리가 물러나고 사자자리가 들어선다고 한다. 페르세폴리스 궁은 제국의 설날 기념식이 열린 곳이라서 곳곳에 이러한 부조가 흔하다.

주 궁전으로 안내된다. 한 변 길이 70m의 정사각형 터에 세운 건물인데, 14m 높이의 기둥 100개가 황금 지붕을 떠받쳤다. 지금은 기둥 2개와 출입구 일부, 그리고 기둥 꼭대기에 있던 조각상의 파편이 뒹굴고 있을 뿐이다.

그곳에서의 향연은 『춘향전』 변학도가 벌였던 잔치 규모의 100배쯤은 되었을 것이다. 1만 5천 명의 손님에게 매일 수천 마리의 소와 양과 돼지를 잡아 먹이고, 술을 무한 리필로 제공했다고 한다. 그 술은 시라즈 포도주가 아니었을까.

손님들은 페르시아 카펫 위에서 쿠션에 기댄 채 비스듬히 누워 춤과 노래를 즐겼다.

하루에 한 끼만 먹었다던 페르시아 무희는 늘씬했을 것이다. 중동이나 중앙아시아의 종족들이 보기에 페르시아 여인은 그 이국적인 풍모 때문에 더 아름답게 느껴졌을 것이다. 그녀들은 헐렁한 옷에 황금 장신구를 걸쳤다.

그녀의 몸에서는 장미 향수 냄새가 피어났다. 페르시아의 장미는 사막에서 피어난 꽃인지라, 더 붉고 더 생명력 넘치며 더 향이 넘쳤다. 그 귀한 장미 잎을 가마솥에 한가득 넣어 증류해야 한 방울의 장미 액체가 추출된다. 와인이 신의 물방울이라면, 사막의 장미 향수는 여신의 눈물쯤 될까.

장거리 여행에서 누적된 독毒과 황제를 알현하는 극도의 긴장은 시라즈 산產 와인 한 잔과 쉬실릭숯불구이 양갈비 안주의 앙상블,

그리고 페르시아 무희의 뇌쇄적인 몸놀림 속에서 녹아 내렸을 것이다.

황제를 암살하고픈 자주적인 외교관이 있었다 하더라도, 그날 만큼은 인생을 즐기고 내일부터 다시 제국을 미워하자고 결심했을 것 같다.

이 잔치는 1971년 팔레비 국왕이 자기 자신의 대관식 겸 '건국 2,500주년 기념식'을 페르세폴리스 궁에서 개최하면서 그대로 재현됐다. 팔레비 왕은 아리안 족의 첫 제국 탄생을 기념하고, 20세기의 제국의 부활을 알리기 위해 전 세계의 지도자들을 초청했다. 한국에서는 김종필 총리가 대통령 특사로서 행사에 참석했다.

이날 팔레비 왕은 검은 제복을, 왕비는 흰 드레스를 입었다. 왕은 '페르시아가 10년 이내에 세계 7대 강국이 될 것'이라는 비전을 선포했다. 당시 이란은 지금의 한국처럼 세계 10위권 초반대의 경제 규모를 갖고 있었다.

외국 귀빈을 위해 초호화 호텔급의 비단 천막 숙소를 마련하고, 대리석으로 화장실을 꾸몄다. 점심과 저녁 식사는 각 2만 5천 인분을 프랑스에 주문해서 비행기로 실어 왔다. 그때 식비만 3억 달러가 들었다. 현재 페르세폴리스 궁 앞 뻥 뚫린 도로에 청량감을 더해 주는 소나무는 그때 심은 것들이었다.

팔레비 왕의 군대는 불사 친위대처럼 복장을 갖춰 입고, 턱수염을 길러 멋지게 가다듬었다.

그때 이란은 큰 부자였지만, 이란 국민은 나날이 가난해지는 느낌이 들었다.

사냥을 빙자한 무력 시위

모두 늦잠을 잤을 터이다. 아침 겸 점심을 먹은 다음 다시 꿀 같은 낮잠을 늘어지게 잤을 터이다.

이제는 사신들이 '밥값'을 해야 할 시간이었다. 해가 좀 기울어 날이 선선해진 봄날 늦은 오후, 황제가 몸소 시연하는 사냥을 참관하는 프로그램이 준비돼 있었다. 알현전에서 황제의 허락 없이 말을 하는 자는 죽음이었듯이, 사냥터에서는 황제보다 먼저 활을 쏘는 자는 죽음이었다.

친위대원들은 동물원에서 사육하던 사자 몇 마리를 궁 옆의 드넓은 '낙원'숲과 오아시스가 있는 왕의 정원 쪽으로 몰아간 뒤 들판에 풀어놓았다. 벽화에 따르면 왕은 쌍두마차 위에 반쯤 일어선 자세로 서서, 굶주린 사자를 노려보았다. 친위대원들이 사자를 왕 쪽으로 몰아주었는지, 왕이 친히 사자를 뒤쫓아 화살을 날렸는지는 모르겠다.

사자를 애완견 다루듯 하는 병사들과 단발의 화살로 사자를 고꾸라뜨리는 황제의 무력 시위는 왕의 용기와 제국의 힘을 보여주는 퍼포먼스였다. 궁궐의 소프트 파워아름다움로 자발적 복종

유물을 통해 재구성한 다리우스 황제 부부의 모습. 금붙이 하나하나가 제국의 용광로에서 흘러나온 당시 전 세계 문화의 엑기스였을 것이다.

페르시아 제국의 태조 키루스의 석묘. 알렉산더가 "우리가 깨어 있으니 그대는 잠드소서."라며 무덤을 쓰다듬었다고 한다. 키루스는 원수에게도 존경받은 만민의 해방자였다.

을 유도하고, 사냥터에서의 하드 파워군사력로 저항의 의지를 꺾어 놓았을 것이다.

그것은 청나라 황제가 만리장성 밖 여름 궁피서 산장에 북방의 모든 '오랑캐'를 초대했던 연례 행사와 오버랩된다. 청 황제는 무한대의 청요리와 '원샷'할 때마다 알코올이 콧김으로 뿜어져 나오는 고량주를 대접한 다음날 사냥터에서 무력을 시위하는 것으로 파티를 마무리했다.

파사르가다에, 키루스의 무덤

페르세폴리스에서 43㎞ 떨어진 곳에 제국의 첫 수도인 파사르가다에가 있다. 지금이야 황량한 폐허이지만 왕년엔 역대 황제의 즉위식이 열린 곳이었다.

제국의 창시자 키루스BC 585~BC 529의 무덤이 남아 있는 곳이다. 키루스는 골칫덩어리인 중앙아시아 유목민들과 전투를 하다 죽었다. 그의 석묘는 경주 감은사지의 돌탑처럼 옛 궁터의 적막 속에서 홀로이 옛 제국의 서늘한 위엄과 기품을 드러내고 있다.

기원전 331년 알렉산더가 페르시아 제국을 멸망시킨 뒤 키루스 석묘에 이르렀다. 페르세폴리스처럼 약탈하고 파괴할 마음이 있었던 듯하다. 왜냐하면 그의 부하에게 일단 석묘 안으로 들어

가라 해서 금침대, 금관, 금 테이블 세트, 진귀한 보물로 만든 장식품들, 그리고 묘비명을 꺼내 온 것이다. 그런데 묘비명이 눈에 밟혔다.

"죽을 수밖에 없는 인간들아, 나는 한 줌 흙으로 돌아간다. 나 키루스는 한때 세계를 지배했지만, 이 땅이 다른 왕에게 점령당할 수 있다. 그러므로 내 몸을 덮고 있는 흙에 손 대지 말라."

알렉산더는 "우리가 깨어 있으니 그대는 잠드소서."라며 무덤을 어루만졌다고 한다.

알렉산더와 칭기즈칸의 묘는 아직 발견되지 않았다. 반면 키루스는 자신의 묘를 지상에 당당히 내놓았다. 모든 민족에게 관용을 베푼 자의 도저한 자신감 덕분이었을까.

키루스 석묘는 고대 페르시아 제국의 건축물 가운데 현존하는 것으로는 가장 오래된 작품이다. 건축물 하나에 당시 세계의 건축 양식과 풍속이 고루 들어있다고 한다.

동양과 서양의 만남. 페르시아 제국의 세계사적 소임이자 유산은 그것이었다. 인류사상 첫 대제국이었던 아케메니드 왕조BC 550~BC 331는 세상의 모든 문화를 기꺼이 받아들여 자신들의 고유한 방식으로 융합한 뒤 그것을 더 넓은 세상에 확산시켰다.

아케메니드 페르시아 왕조의 창시자인 키루스는 삶에서부터 죽음까지 세계주의 정신의 화신이었다.

시인과 장미의 도시인 시라즈에 있는 하페즈 영묘廟 前경. 이민족에 의해 두어 번 파괴됐던 것을 1930년 이란 정부가 고대 시라즈 양식으로 지었다고 한다. 기둥이 8개가 있고, 천장은 에나멜 타일로 된 모자이크가 있다.

6

시라즈*Shiraz*

: 시와 장미와 와인의 왕국

이란, 시의 왕국

2013년 5월쯤, 테헤란에 있는 이란 국립극장 대극장에서 시인 루미본명 몰라비, 1207~1273의 탄신일 기념 행사가 있었다. 초청장에는 시인의 일생을 두 시간짜리 연극으로 공연하는 프로그램이 들어 있었다.

'이란의 국가 대표 배우'가 가장 정확한 발음과 발성으로 루미의 호흡과 시의 리듬을 라이브로 낭송해 주는 셈이 아닌가. 번역 시집을 읽는 것보다 월등히 생생하게 루미 시의 절정을 눈과 귀와 피부로 느낄 수 있으리라.

루미는 이란 인이 민족 시인으로 모시는 4대 시성詩聖의 한 명으로, 별명이 '문학의 신'이다. 그의 시집은 '페르시아 어로 된 쿠란' 또는 '신비주의 바이블'이란 평을 듣는다.

방랑자 루미는 바그다드와 메카를 거쳐 터키에 살았다. 시리아에서 당대 최고의 신학자 반열에 올랐다. 어느 날 늙은 탁발승 샴스?~1247에게서 신의 완전한 사랑을 발견했다. 신학자에서 신비주의 시인으로 다시 태어났는데, 입만 열면 에로틱한 절창이 폭포수처럼 쏟아졌다.

루미가 말하는 '님'은 공식적으로는 '신'이다. 그러나 비공식적으로 그의 '님'은 '남친=샴스'라고 읽히고 있다. 만해 한용운의 님이 '조국'이어도 되지만, '연인'이어도 상관없듯이 말이다.

루미의 시는 중세 때부터 이미 유럽에 널리 알려졌다. 현재 헐리우드에서는 그를 주인공으로 한 영화를 만들고 있다고 한다. 그는 미국에서 가장 사랑받는 시인, 21세기 미국에서 가장 유명하고 가장 잘 팔리는 시집의 시인이다.

> 봄의 과수원으로 오세요
> 꽃과 술과 촛불이 있어요
> 당신이 안 오시면
> 이것들이 무슨 소용이겠어요
> 당신이 오신다면
> 이것들이 다 무슨 소용이겠어요
> ― 루미, 「봄의 과수원으로 오세요」 일부

사실 테헤란에서는 초대장을 받으면 핑계를 대고 정중하게 사양하는 게 상책이다. 공식 행사는 귀빈 소개와 연설이 '끝없이' 이어진다. 두 번 다시 속지 않겠다고 다짐했다가, 혹시나 해서 한 번 더 갔다가 후회하기를 반복하면서 터득한 요령이다.

만찬이 포함된 행사는 자정이 돼야 끝난다. 오후 7시 시작된

테헤란에 있는 카펫 박물관 소장 작품. 페르시아의 신화나 전설 속의 한 장면을 묘사한 작품일 텐데, 마치 오아시스에서 시인과 여인이 즐거운 한때를 보내는 모습 같기도 하다.

다고 해서 부랴부랴 시간 맞추어 갔는데, 오후 8시 30분쯤 행사가 시작된다. 이란 국가 제창과 쿠란 낭송처럼 식순에 빠질 수 없는 의식이 거행된다. 이윽고 귀빈들의 말씀 릴레이가 이어진다. 음료수와 간단한 먹을거리가 나오기는 하지만, 밥은 밤10시가 넘어 나온다.

그게 그들의 라이프 스타일이기는 하다. 많은 이란 인은 오전 8시 이전에 출근한다. 일터에 도착하면 간단히 아침 식사를 한다. 출근 도중 샀던 화덕에 구운 빵, 설탕을 가득 넣어 만든 차 한 잔이 조식 메뉴다. 낮 2~3시에 퇴근하면 집에 가서 점심을 먹은 뒤 낮잠을 잔다. 날이 좀 선선해지고 어둑해지면 밖으로 나가 가족이나 친구와 함께 밤이 깊도록 먹고 (물)마시며 수다를 떤다. 밤마다 술 없는 디오니소스 축제를 벌인다.

대부분 늦게 자고 일찍 일어나는데, 아무리 계산해도 밤에는 길어야 네 시간쯤 자는 것 같다. 매일 낮잠을 푹 자기 때문에 가능한 것이다. 그들의 풍요와 여유가 지극히 부러워지곤 했다.

끊임없이 몰려드는 백만대군을 다 해치워야 하는 영화 〈300〉의 전사처럼 일하고 또 일해도 몰려드는 일을 해치워야 하는 한국인에게 이란에서의 만찬 행사는 기피 대상 1호다.

시를 강의하는 이란 대통령

　루미 기념 행사는 오전 9시에 시작해 낮 12시에 끝난다고 초대장에 적혀 있었다. 아침에 극장으로 출근한 뒤 점심 먹고 회사로 돌아오면 군더더기 없이 깔끔한 일정이겠다 싶었다.

　행사는 예정 시각 1시간 반이 넘도록 시작되지 않았다. 행사의 지연은 관례이고 일상이었으므로 여유있게 기다렸다. 루미에 대한 연극을 보기 위해서라면 그날은 더 기다려 줄 수도 있는 마음이었다. 어차피 이란 사람들은 행사 시간에 도착하는 게 아니라 집이나 사무실에서 출발하는 거니까.

　늦으면 늦는다고 미리 전화해 주는 것도 아니고, 늦었다고 미안하다는 말을 하는 것도 아니다. 그들의 지각은 1970년대 '코리안 타임'이나, 20세기 말 '벌써 출발했는데요'라던 자장면집 멘트와 닮았다.

　갑자기 주변이 소란스러워졌다. 그날의 VIP는 아마디네자드 당시 이란 대통령이었다. 한 나라의 대통령이 지각한 것이라면, 늦을 만한 이유가 있었겠다.

　이란 대통령은 앞문으로 입장하면서 셋째 줄에 앉아 있던 외국 외교 사절들과 인사를 한 뒤 첫 줄 중앙에 앉았다. 비워 둔 둘째 줄에는 덩치가 산덩이 같은 경호원 한 명이 VIP의 바로 뒷자리에 앉았다. 나는 그 뒷자리였다.

대통령의 뒷목 오른쪽에 콩알만 한 점이 있었다. 거기서 기다란 털 몇 가닥이 삐져 나와 있었다. 손만 뻗으면 그 털을 뽑을 수도 있었다. 이란이 치안을 확신하고 있구나. 미안하지만 '닫힌 사회'의 장점으로 보였다. 그 이외의 경호가 눈에 띄지 않았다.

이슬람교와 이란 혁명을 상징하는 영상과 함께하는 이란 국가 제창, 성직자의 쿠란 낭송, 길고 긴 귀빈 소개가 이어졌다. 대통령이 맨 앞줄의 귀빈들과 다시 한 번 목례 또는 악수를 하면서 단상에 올랐다.

그는 비서실 연설팀에서 챙겨 주었을 '말씀 자료'를 손에 쥐고 있었다. 그러나 그는 원고를 보지 않았다. 분명 프롬프터도 없었다. 그는 이란의 문화 예술인 앞에서, 이란의 국민 시인에 대해, 앞만 보고, 연설했다. 내가 알아들은 두 단어, 시인의 이름과 그의 절친 이름이 계속 거론되는 것으로 미루어 보아 주제에서 벗어나지 않은 1시간짜리 강의였다.

'시의 왕국'의 진면목을 보여 준 퍼포먼스였다. 과학기술대를 나온 교통공학 박사 출신의 대통령이 한 명의 시인에 대해 한 시간짜리 강의를 할 수 있는 시적 내공을 지닌 나라!

2시간짜리 연극은 10분짜리 하이라이트로 축소됐다. 루미로 추정되는 배우가 치마를 입고 빙글빙글 돌기 시작했다. 신과 교감하는 황홀경의 수피 댄스Sufi whirling였다. 그것으로 끝이었다. 공연의 엑기스를 보여 주기는 한 것이었다.

그날 행사만큼은 늦게 시작했으므로 늦게 끝나도 좋았겠으나, 어쩐 일인지 정해진 시간에 끝났다. 대통령의 '모노 드라마'를 감상한 것으로 위안을 삼았다.

음악과 미술을 멀리하는 이슬람

산이 높으면 골이 깊은 법. 21세기 최후의 '시의 왕국'은 그러나 음악과 미술은 배척한다. 신앙 생활에 도움이 되지 않는다는 이유에서다.

무함마드에 따르면 음악은 '사탄의 짓' 또는 '자신을 섬기도록 유혹하는 악마'다. 이슬람에서는 미술가 역시 개를 사고파는 사람, 고리대금업자, 자기 몸에 낙서文身하는 사람과 동급으로 취급된다.

인간의 눈과 귀를 즐겁게 하는 감각의 '헛것'들을 버리고, 신의 말씀에 집중하자는 뜻이겠다. 우상이나 사제 같은 썩은 밧줄을 잡지 말고, 오로지 신이 직접 내민 손을 잡으라는 것이다.

겨울밤에 대웅전 목불木佛을 도끼로 패 아궁이에 넣은 뒤 따뜻하게 잠들었다던 옛 선승이 떠오른다. 이튿날 주지가 따지자 '진짜 부처님이었다면 불에 타지 않았을 것'이라고 했던가.

이란에서는 어딜 가든 도심 한복판의 랜드마크인 모스크를 들르게 된다. 처음엔 단순한 문양, 보석처럼 맑고 깨끗한 형형색

거리의 악사. 이슬람 혁명 이후 이란은 공교육 과정에서 음악과 미술을 없앴다. 인간의 종교심을 해친다고 여기기 때문이다. 위험한 발상이지만, 악사는 혁명 이전의 이란을 그리워하고 있을지도 모른다.

색의 타일 조각의 무한 반복, 그 단순함과 찬란함 앞에서 마음이 차분하고 깊어지는 느낌을 받는다. 추상적이고 기하학적인 아라베스크의 반복적인 문양이 뜻하는 이슬람의 역사를 읽어 낼 수 있다면 모스크 순례는 흥미진진할 것이다. 아는 만큼 보인다는 것은 모를수록 지루해진다는 뜻이겠다. 형상회화나 조각이 없는 모스크는 금세 심심해질 뿐이다.

　이것은 무함마드가 우상 숭배를 거부했기 때문이다. 그의 고향 메카는 많은 신들의 경연장이었고, 메카의 성전은 만신전이었다. 무함마드는 일신교를 창시하면서 미신과 신화, 그리고 무지몽매를 멀리했다.

종교 개혁가이자 다른 세계를 열어 보이려는 혁명가를 이 세상이 그냥 냅두기는 어려웠을 것이다. 그의 가문에서조차 그의 목숨을 지켜주기가 어려워졌다. 생명의 위협을 느낀 무함마드는 먼 길을 돌아 메디나로 탈출했고, 거기서 세를 불리는 데 성공했다. 고향 메카를 정복하면서 그는 신전에 있던 360여 개의 우상을 파괴했다. 예수가 예루살렘에서 했던 일과 같은 종류의 행위였다.

그는 자신을 우상으로 숭배하려는 추종자들의 유혹조차 물리친 위인이었다. 이슬람이 초기의 어려움을 이겨 내고 사막의 모래 폭풍처럼 세상을 휩쓸게 되자, 공동체는 무함마드에게 '신의 아들'이 되어 달라고 거듭 요청했다. 무함마드는 그 화려한 유혹을 거듭거듭 물리쳤다.

"나는 인간의 아들이다."

무함마드는 일체의 우상화를 경계했다. 무슬림은 성자聖子와 성신聖信과 사제의 도움 없이 직접 신과 소통하기를 권했다.

그것이 이란의 이슬람 혁명 이후 예술 분야에서 시의 독과점으로 이어졌다. 이란의 공교육에서는 미술과 음악을 가르치지 않는다. 그 자리를 고스란히 시가 차지한다. 고교 졸업자라면 페르시아 문학사 속의 명시 100편 정도는 외운다. '아무나' 시에 대해 일가견을 갖고 있는 게 이란이다.

시를 읽는 것까지야 좋은 취미 생활이라 해도, 젊은 공대생이나 수학자도 시 창작에 몰두하는 경우가 흔하다. '인생 망치지 말고 공부나 열심히 하라'고 설득해도 막무가내다.

한국도 1980년대 '시의 시대'와 1990년대 '밀리언셀러 시집의 시대'가 있었다. 지금은 이란이 지구상에서 거의 유일하게 남아 있는 '시의 왕국'일 것이다.

허페즈와 사디, 그리고 술

시라즈는 국가 대표 '예향'藝鄕이다. 시인의 친구인 포도주와 장미의 원산지라고도 한다. 시 쓰기 좋은 분위기여서 그랬는지, 페르시아 4대 시성 중 허페즈1325~1389?와 사디1210~1290?가 거기서 태어나고 자랐다. 시라즈는 시를 좋아하지 않는 사람일지라도 페르세폴리스 바로 옆에 있다는 이유로 꼭 방문하게 되는 곳이다.

사디는 뉴욕 UN본부 입구에 페르시아 어로 씌어진 「아담의 후예」라는 시로 더욱 유명하다. 1258년 바그다드가 몽골에 의해 함락됐을 때 사디가 세계의 평화와 인류의 안녕을 희구하며 쓴 시다. 그는 십자군 전쟁, 몽골의 침략 등으로 40여 년간 비참 속에서 북 아프리카에서 유럽까지 떠돌아다닌 시인이었다.

인류는 한 몸

한 뿌리에서 나온 영혼

네가 아프면

나도 아프네

그렇지 않다면

우리는 사람도 아니지

반면 허페즈는 그 도시를 떠난 적조차 없는 것 같다. 허페즈는 일찍 아버지를 여의어 가난했다. 언어 감각이 뛰어나 아랍 어와 페르시아 어에 능통했고, 쿠란 암송에 탁월했다. '허페즈'라는 이름이 바로 『쿠란』을 통째로 암송하는 사람'을 뜻하는 것이다.

이란 인들의 집에는 최소한 이 두 권의 책은 있다고 한다. 『쿠란』과 『허페즈 시선집』이 그것이다. 이란 인은 허페즈의 시집을 펼쳐 그 페이지에 나오는 시를 '오늘의 운세'로 여기는 시점詩占을 친다. 허페즈의 시는 『주역』만큼 열려 있는 텍스트여서, 읽을 때마다 다르게 읽힌다는 것이다.

허페즈의 시는 어떤 외국어 번역도 '반역'이 될 수밖에 없는 운명을 지녔겠다.

그러나 그 앙상한 번역만으로도 괴테, 니체, 바이런, 지드 같은 문호들에게 영혼의 천둥번개를 내려친 강적이다.

허페즈의 대리석 무덤. 셰익스피어의 무덤도 이곳보다 관광객들로 붐비지는 않을 것이다.

허페즈 무덤 앞에서 새점을 치는 노인. 이란은 복권로또이 없을 만큼 일체의 사행성 행위를 금지하지만, 앵무새가 부리로 뽑아 올린 허페즈의 시 구절로 점을 치는 행위는 용인한다.

시라즈 포도로 만든 칠레산 와인 '선라이즈'. 한 병에 우리 돈으로 5,000~1만 원이면 칠레나 호주산 시라즈 와인을 구할 수 있는데, 시라즈의 거칠고 강렬한 사막과 땡볕의 맛이 느껴진다.

시라즈의 장미 한 송이. 우리 주변에서 볼 수 있는 장미보다 덜 촉촉하다. 하지만 사막을 지나다 오아시스에서 만나는 장미꽃 한 송이는 우리나라 꽃 축제 때 만나는 백만송이 장미보다 장관壯觀이라고 느껴질 때가 있다.

174

장미는 내 가슴에

술은 내 손에

연인은 내 곁에,

군주는 노예일 뿐.

허페즈는 술^{포도주}을 '신의 이슬'로 표현했다. 허페즈가 즐긴 술은 지금은 호주의 와인으로 유명한 '시라즈'였을 것이다. 시라즈의 포도는 일년 내내 풍부한 땡볕 덕분에 천국의 맛을 내는 품종이다.

호주산 시라즈는 강렬한 스파이스 향을 지닌 적포도주인데, 로마 시대 또는 십자군 전쟁 때 프랑스로 전해진 포도 품종이 호주로 건너가 신세계를 대표하는 포도가 됐다는 것이다. "카베르네 소비뇽 못지않은 거친 맛과 강한 타닌, 그리고 특유의 향신료 같은 향이 특징이다."

페르시아의 시인들은 술을 찬양했다. 포도주는 사막도 천국으로 만들어 버리는 연금술사인데 왜 아니겠는가.

"페르시아 인들은 포도주뿐만 아니라 서역에서 수입되는 과일로 술을 제조했다. 구도자들에게 술은 신적 근원을 체험하기 위해 끊임없이 빠져들기를 갈망하는 대상이다."(신규섭, 『페르시아 문화』)

다만 이란 이슬람 혁명 이후에는 옛 시라즈 시인들이 좋아하던 3락^樂 가운데 장미를 제외한 술과 여자가 금지돼 있다. 당연히『쿠

허페즈 무덤에 기대어 허페즈 시선詩選을 읽고 있는 이란 여인들. 이란 인이라면 거의 누구나 허페즈의 시 몇 편 정도를 외우고 있으며, 일상생활 속에서도 허페즈의 시를 인용한다.

란』에 따른 것이다. '믿는 자들이여, 술과 도박과 우상숭배와 점술은 사탄이 행하는 불결한 것들', '사탄은 너희 가운데 적의와 증오를 유발시키려 하니 술과 도박으로써.'(제5장 마이다 90~91절)

동서고금을 통틀어 금주령을 시행해 보지 않은 나라도 없었겠다. 하지만 금주령을 성공시킨 나라 또한 없었다. 술을 엄금하는 신정국가 이란에도 국립 알코올 치료 센터가 있다. 밀수해 오는 술은 '위험 수당'이 포함돼 비싸므로 대개 집에서 밀주를 담근다.

노파심에서 한 마디. 이란 여행 중 친구를 사귀어 그의 집에 초대받아 그와 함께 그가 직접 담근 술을 마시는 게 아니라면, 음주를 시도하지 말기를. 금기를 깨는 모험을 안주 삼으면 그 술맛이야 천하의 명주보다 낫지만, 공업용 알코올을 담뿍 넣은 가짜 술을 마셨다가 시력이나 건강을 잃는 수가 있다. 메틴 알코올을 '적당히' 넣은 술이라 해도 이튿날 하루 종일 구취와 두통에 시달릴 수 있다.

페르시아의 연금술사들이 발견했다는 알코올이 이란에서 금지된 음료가 됐다.

이태백, 중국의 허페즈

허페즈가 페르시아의 이태백이라면, 이태백은 중국의 허페즈다.

잘 아시다시피 이태백701~762은 두보와 더불어 중국 문학사의

178

두 최고봉이다. 물론 스타일은 반대에 가깝다. 이태백은 낮술에 취하고 낮잠을 즐기다 일어나 또 취하면서 달밤에 시를 읊었을 것 같고, 두보는 찬물로 세수하면서 밤을 지새웠을 것 같다.

바둑으로 치면 이태백은 이세돌과 같아서 자유롭고 활달한 직관과 상상력이 인간계를 뛰어넘는다. 두보는 이창호와 같아서 치밀하고 정밀하며 냉정하게 판을 짜는 솜씨가 인간 이상이다. 어느 쪽이든 귀신계에 속하는 시인들이지만, 부럽기로 치자면 천재성이 희뜩거리는 이태백이다. 중국 문화를 대표하는 단 한 명의 시인을 꼽으라면 두보가 으뜸이겠지만 말이다.

이태백은 과거에도 없었고 그 이후에도 드문 언어를 부렸다. 그는 지진을 일으킨 활성 단층이었다. 그는 외계인이었을까.

그의 아버지는 페르시아 어를 쓰는 지역 출신으로 이태백이 다섯 살 때 중국 쓰촨성으로 건너간 유민이었다. 이태백은 밖에 나가서 중국어로 말하고, 집에서는 페르시아 어로 말한 2개 국어 사용자가 아니었을까.

이태백 시에 등장하는 달거울, 술신의 이슬, 하얀 손, 초승달 같은 눈썹, 호희페르시아 여성 무희 등의 이미지와 소재들이 페르시아 문학의 영원한 메타포이며, 페르시아 문학사 전통에 맞닿아 있다는 것이다.

"그는 중세 페르시아와 중국의 문학사에 가교 역할을 하는 국제적인 시인이었다."(신규섭, 『페르시아 문화』)

실제 페르시아가 이슬람 교도들에게 망하자, 수많은 페르시아 망명객과 유민이 당나라로 피신한 바 있었다. 당나라에는 페르시아 무희와 주모들이 수두룩했고, 일군의 페르시아 상인들은 당나라를 거쳐 신라와 일본을 오가며 대규모 무역을 했다. 그중 일부가 신라에 정착한 '처용'일 수도 있다.

페르시아 왕자와 신라 공주의 사랑 이야기가 담긴 페르시아 서사시 『쿠쉬나메』의 시대적 배경이 그때다. 당나라로 망명한 페르시아의 마지막 왕자가 당나라와 아랍 이슬람 사이의 불편한 외교 관계를 초래하는 빌미가 되자, 배를 타고 더 멀리 있는 동쪽 끝으로 찾아간 것이다.

이태백은 8세기 인류 문화의 두 거대한 지각판이 만나면서 생성된 히말라야 또는 심연일 수 있겠다. 천재성은 유전자DNA의 돌연변이 덕분이기도 하지만, 서로 다른 문화의 창조적인 융복합 때 천둥번개치는 날벼락이기도 한 것이다.

꽃 사이에 술 한 병 놓고
벗도 없이 홀로 마신다.
잔을 들어 밝은 달맞이 하니
그림자 비춰 셋이 되었네.
달은 본래 술 마실 줄 모르고
그림자는 그저 흉내만 낼 뿐.

잠시 달과 그림자를 벗하여

봄날을 마음껏 즐겨 보노라."

　　　—이태백, 「월하독작月下獨酌」 앞부분

　　테헤란 소재 중국 문화원장공자학당장에게 "이태백이 페르시아
계 중국인이 맞냐?"고 물었다. 그는 "이태백은 중국에서 중국어
로 시를 쓴 중국 문학사의 일부."라고 답했다.

　　그의 말이 옳다. 흔한 천재론으로는 이태백의 위대함을 설명
하기에는 부족해서 물어본 것이었다. 석가모니의 페르시아 유
학설, 예수의 인도 유학설이 식지 않는 이유도 그들이 워낙 그의
시대를 훌쩍 뛰어넘은 희대의 천재들이기 때문일 것이다.

빼앗긴 들에도 봄은 오는가

　　페르시아의 시가 세계 문학의 절반이던 시대는 페르시아가 가
장 비참할 때였다. 651년 사산 제국이 망하고 1501년 사파비 제
국이 등장하기까지, 페르시아는 약 850년간 아랍과 몽골과 투르
크티무르의 지배를 받았다.

　　거의 한 밀레니엄 동안 인류의 최강자였다가 거의 한 밀레니
엄 동안 피식민지가 된 것이었다. 그들은 종교와 예술시로써 그
들의 언어와 사유와 자존심을 지켜냈다.

메카에서 출발한 이슬람교 유목민들의 대정복 운동은 순식간에 페르시아를 휩쓸었다. 그것은 지구사적인 흐름이어서 천하의 페르시아 역시 추풍낙엽처럼 떨어졌다. 아프리카와 유럽도 예외는 아니어서 짧은 시간에 지금의 이슬람교 분포의 윤곽이 만들어졌다.

당시 알프스 산맥 이북의 유럽은 로마 제국의 변두리였다. 이슬람교도가 지중해의 패권을 장악하자, 기독교 세계의 중심이 북쪽_{지금의 서유럽}으로 밀려서 올라간 것이었다. "무함마드 없이는 카를 대제_{프랑크 왕국}도 없다". 이슬람의 발흥으로 유럽사의 무게 중심이 지중해에서 대륙으로 옮겨갔다.

페르시아 강역에서는 옛 페르시아 제국의 영광을 꿈꾸는 군소 왕국이 두더지 게임처럼 나타났다 사라졌다. 그러다 13세기엔 칭기즈칸이, 이어 우즈베키스탄의 영웅 티무르가 페르시아 지역을 초토화시켰다.

그때가 페르시아 문학사의 절정기였다. 그 중심에 시가 있었다. 걸작과 절창이 쏟아졌다. 그 전에도 없었고, 그 후에도 없는 일이었다. 시인들이 페르시아의 언어와 정신과 영혼을 지켜냈다. 덕분에 현대 이란에서 시인들은 성웅_{聖雄}이며, 그들의 묘지에는 참배객이 이어진다.

시인들이 페르시아의 정체성을 만들어 냈다. 그 위에 페르시아 제국을 부활시킨 사파비 왕조_{1501~1736}가 시아 이슬람을 국교로 삼았다. 이제 페르시아는 중동에서 인종과 언어와 문화뿐 아니라 종교마저 다른 나라가 된 것이다. '마이너리티'를 자처한 그 자존심에서 오기와 긍지가 함께 느껴진다. 자존심을 지키는 대가는 혹독할 것이었다.

가장 유명한 두 시인, 페르도시와 카이얌

중국에 두보가 있다면, 이란에는 페르도시935~1020?가 있다. 밤하늘에 반짝이는 별들 가운데 하나만 꼽으라면 페르도시다. 『쿠란』을 제외한다면, 이란 최대의 베스트셀러는 허페즈의 시집이고, 이란 최대의 추천서는 페르도시의 『셔너메』왕의 책일 것이다. 둘은 각각 페르시아 서정시와 서사시의 최고봉이다.

『셔너메』는 우리로 치자면 『삼국사기』와 『삼국유사』, 『제왕운기』와 『동명왕편』 등등을 합쳐 놓은 대서사시다. 몽골에 지배당하고 아랍 어를 쓰던 겹겹의 식민지 시절에 페르시아 신화 · 전설 · 역사를 망라해 페르시아 어로 정리한 민족 정신의 대백과사전이자 교과서다. 페르시아의 단군에 해당하는 시조始祖로부터 아랍에게 정복당하기까지의 페르시아 이야기를 5만 행의 시에 담았다.

우리나라에서 가장 대중적으로 유명한 시인은 11세기 후반에 활동한 오마르 카이얌1048~1131일 것이다. 그는 페르시아의 다빈

치였다. 수학자, 철학자, 천문학자이자 시인인데 그중 시인으로서의 비중이나 평판이 가장 낮았다. 그러고도 단 한 권의 멋진 번역 시집 덕분에 그는 한국에서 가장 유명한 페르시아 시인이 됐다.

영국 작가 에드워드 피츠제럴드1809~1893는 카이얌의 시집을 영어로 번역한 『루바이야트』를 냈다. 역자는 시를 '의역'했으며, 때로는 자기가 지어 낸 구절을 카이얌 시에 녹여 내기도 했다. 그 영역본이 1975년 한국어로 중역重譯 출판되었다. 우리말 번역이 쉽고 맑아서 지금까지도 스테디셀러로 자리잡고 있다.

시집 한 권, 빵 한 덩이, 포도주 한 병,
나무 가지 아래서 벗 삼으리
그대 또한 내 곁에서 노래를 하니
오, 황야가 천국과 다름 없으리

카이얌은 이란에서 '오랫동안 잊혀진 시인'이었으나 영역본이 역수입되면서 재평가됐다. 이란 사람들은 피츠제럴드의 영역본보다 '훨씬 더 나은'원문에 충실한 영역본들이 즐비하다고 말한다. 하지만 어떤 것도 피츠제럴드 번역본보다 인기 있는 것은 없다. 번역책 하나가 '무명'의 시인을 최고의 시인으로 등극시킨 셈이다.

이와 반대로 최고의 시인이 제대로 된 번역을 만나지 못해 외국에서 '무명 시인'이 되는 경우가 흔하다. 페르시아의 위대한 시인들은 아직 한국에서 제대로 된 '임자'를 만나지 못했다.

『쿠란』도 마찬가지다. 여러 종교의 경전은 문학 작품으로 읽어도 감동스럽다. 『논어』, 『도덕경』, 『장자』처럼 한문을 우리말로 옮긴 것은 물론이거니와 『성서』, 『우파니샤드』, 『금강경』처럼 이중으로 번역된 책을 읽어도 뇌에서 섬광과 번개가 번쩍이곤 한다. 그런데 어쩐 일인지 아랍 어를 한국어로 직접 번역한 『쿠란』은 왜 그런 소식을 전해 주지 못하는지 궁금하다.

『쿠란』은 이슬람교도에게는 신의 목소리이고, 아랍 어로 읽고 들으면 어떤 시보다 아름답다고 한다. 그러나 나는 아무리 감동받을 준비를 하고 읽어 봐도 특별한 감흥을 느끼지 못했다. 내가 접한 한국어 번역본 3종에 무슨 문제가 있는 것일까. 몇몇 학자들의 분투에도 불구하고 이슬람 문화에 대한 우리의 학문과 번역이 아직 미천한 수준이기 때문이라는 생각이 들었다.

시인 무함마드

예언자들의 언어는 신의 말씀을 받아쓰기한 것일까. 시인들의 언어가 따라가지 못하는 궁극의 아름다움이 보석처럼 박혀 있다. 예언자들은 '시인' 이상이다.

글을 읽을 줄 몰랐다던 무함마드는 어떻게 16억 명 무슬림이

전율하고 감격하는 언어를 부릴 수 있었을까. 『마호메트-알라의 메신저』(시공디스커버리 총서49)라는 책이 의문의 일단을 해소해 주었다.

그 책에 따르면, 무함마드가 살던 메카에는 그 당시 아라비아에서 가장 큰 국제 시장이 있었다. 아라비아 최고의 귀인들이 몰려들어 명품을 사고팔았다. 순종 명마, 예멘 공국 왕이 보낸 보검, 실크로드를 통해 들어온 전 세계의 진귀한 물건들이 다 나왔다.

상인들은 연단에 올라 바이어들에게 자기 자신과 물건을 소개했다. 상인들은 떠들썩한 장터에서 말로 귀인들을 홀려야 했다. 시장은 아라비아에서 말을 가장 잘 하는 사람들의 경연장이었고, 한 번 들으면 잊혀지지 않을 리듬과 이미지를 구사하는 시 낭송회장이었다.

무함마드는 장터에서 "말이 황금보다 귀중하다는 것을 깨달았다."고 한다. 그가 관찰하기에 모래 위에 세운 성곽은 언젠가 무너지는 것이었다. 번성한 마을도 언젠가 재가 되었다. 하지만 말은 마술이었다. 말은 모래 언덕을 헤집는 줄기찬 바람처럼 눈에 보이지 않으면서도 매서워서 다른 것을 변화시켰다. 말이 곧 전능자였다.

"이슬람교가 전파되기 이전의 장터는 축제와 토론의 장이었다. 거기서 사람들은 시를 낭송했다. 시는 그 유려함과 풍성함으로 사람들의 마음을 사로잡았다. 음절의 장단이 반복적으로 교차하는 엄격한 운율을 고집하는 카시다는 위대한 인간에 대한 찬가였다. 한 작품의 완성도를 높이는 것은 때로 작품의 구성보다 정치하게 짜인 운율에 있었다."

무함마드가 메카에서 '이상한 말'들을 토해 내기 시작한 때가 611년이었다. 그의 말이 베두인 사람들의 귀를 사로잡았다. 사람들은 무함마드가 전하는 알라의 메시지를 그때그때 손에 잡히는 가죽 조각, 종려 나뭇잎, 낙타 뼈, 납작한 돌 따위에 갈대 줄기로 나마 수액을 묻혀 적어 내려갔다. 무함마드 사후 그렇게 기록된 것들을 모으니 114장※의 분량에 이르렀다. 그게 『쿠란』이다.

무슬림들은 『쿠란』의 번역본들을 별로 쳐주지 않는다. 번역은 반역이기 때문이다. 그래서 『쿠란』의 번역본에는 '어떤 번역도 원본의 의미를 번역한다는 것은 불가능하다. 인류 모두가 번역에 매달려도 오류를 범하게 되고 부족할 수밖에 없다'는 요지의 발간사를 남긴다.

페르시아의 문학 천재들은 『쿠란』으로부터 심대한 영향을 받았을 것이다. 누구나 한 번 들으면 잊을 수 없다는 알라의 말씀을 어려서부터 외우고 또 외웠을 것이다. 예언자들이 시인들보다 잘난 것 같지 않다. 그런데 『쿠란』을 포함한 여러 경전들은 어떻게 시를 월등히 초월하는 탁월함을 갖게 됐을까.

7

이스파한 *Isfahan*

: 낙원을 구현한 '세계의 절반'

사막 속 파라다이스의 필요 조건들

이란에는 '베헤쉬트'천국나 '파라다이스'낙원라고 명명된 공공시설과 정원, 지명 등이 흔하다. 현세에서 가장 결핍된 것을 무한정 '득템' 가능한 곳이 낙원이다. 그 '파라다이스'의 어원이 페르시아 어다. '파라다이스'는 '둘러싸인 장소' 또는 '동산'이라는 뜻으로, '에덴 동산'이나 '알라의 나라'와 같은 뜻으로 사용된다고도 한다.

낙원에 대한 열망은 삶의 고통과 비례한다. 옛 페르시아의 영광이 아무리 찬란했다 하더라도, 삶의 조건은 그다지 녹록치 않았음을 짐작케 한다.

그곳의 천국은 사막과 황야에서 생각할 수 있는 이상향의 모습이다. 물이 퐁퐁 솟아나는 샘물, 나무의 그늘, 와인 한 잔, 그리고 거기에 무릎을 내준 '그대'. 그런 오아시스가 천국이었다.

『종교학 대사전』에 따르면 『쿠란』에 묘사된 천국은 이렇다. "이 세상에서 신앙하고 선행을 한 사람들이 그 보답으로 사는 것이 허용된 낙원을 말한다. 그들은 거기에서 퐁퐁 솟아나는 샘 주위에 푸른 나무 그늘에서 아름다운 처녀의 시중을 받으면서, 맛

있는 많은 음식물과 술을 마음껏 마시며, 어떤 신경도 쓰지 않는 생활을 보낸다. 그중에서도 최고의 기쁨은 신을 보는 것이라고 한다. 쿠란은 지옥의 고통에 대비해서, 천국의 행복이나 기쁨을 감각적으로 묘사하고 있다."

어느 블로거는 '이슬람의 낙원'을 이렇게 정리해 놓았다. "황금으로 가득 차 있고(수라 18:32, 35:34, 43:72), 청순한 아내를 얻을 수 있으며(수라 2:26, 3:16, 4:58), 눈을 아래로 깔고 커다란 눈을 가진 아리땁고 순결한 여성들이 가득하다(수라 37:49~50). (중략) 이슬람의 낙원은 쾌락의 극치를 예비하고 있음을 보여 주고 있다."

유토피아를 향한 꿈은 몸을 망치는 헛것이지만, 누구도 포기하기 어려운 '황홀한 망집妄執'이기도 하다. 사람이 싫어졌다면, 안견이 그린 「몽유도원도」처럼 사람 없는 복숭아 숲속을 꿈속에서 거니는 것이야말로 천국의 극치일지도 모르겠다.

도시 자체가 낙원인 '세상의 절반'

식민지 시절의 중세 페르시아 문학사는 세계 문학사의 절반이었고, 사파비 왕조1502~1736의 수도 이스파한은 '세상의 절반'이었다. '세상의 절반'은 16세기 프랑스 시인이 이스파한을 여행하면서 붙여 준 별명이다.

혹자는 '테헤란은 머리, 콤종교와 혁명의 성지은 영혼, 이스파한은

이맘 모스크블루 모스크 입구. 푸른빛은 천국영원한 생명을 뜻한다. 돔 부근에는 "알라는 신앙심 깊은 남녀에게 약속했다. 작은 시내가 흐르는 낙원을. 또 그들이 영원히 그곳에서 살 수 있도록"이라는 『쿠란』 문구가 있다고 한다. 이맘 모스크는 『쿠란』이 묘사한 낙원인 것이다.

고지에서 내려다본 이스파한 전경. 사막을 횡단하다 저 푸른 나무가 보이기 시작하면 신에 대한 감사와 살아 있음의 환희가 몰려 왔을 것이다.

심장'이라고 소개한다. 이스파한은 경주와 같은 역사 도시이므로 가능하다면 당일치기보다는 1박 2일쯤 시간을 내면 좋겠다.

테헤란에서 자동차로 네다섯 시간 동안 사막을 달리다 보면, 먼 곳으로부터 푸른 기운이 다가온다. 사막이 끝나는 곳에서 이스파한이 떠오른다. 물과 나무라는 천국의 필요 조건을 갖춘 도시인 것이다.

이스파한의 생명줄은 페르시아의 등뼈인 자그로스 산맥에서 발원한 자얀데生命을 주는 강이다. 도심에 들어서면 나무가 제법

울울하고, 매연보다는 피톤치드를 들이마시는 기분이 든다. 중심 도로는 세계 최초의 가로수 길이기도 하다. 우마차 길이었는데, 길 양쪽으로 과실수와 정원수를 심은 도심 한복판이 유럽의 도시 같은 느낌을 준다.

이란에서 이스파한이 얼마나 보석처럼 빛나는 도시인지를 실감하려면, 이스파한이 아닌 도시들을 미리 경험해 보아야 한다.

유라시아 실크로드를 왕복하던 대상인을 떠올려 보자. 반년에 걸쳐 가도 가도 수만 리 사막을 횡단하고 있다. 어느 날 낙타는 바람 타고 저 멀리에서 날아온 푸른 물 냄새에 코를 킁킁거린다. 당장 쓰러질 줄 알았던 낙타가 힘을 내 속도를 더하고 있다. 드디어 낙타몰이꾼도 지평선 끝에서 오렌지와 포도나무 가득한 과수원이 신기루처럼 떠오르는 걸 목격한다. 넓게 펼쳐진 보리밭과 밀밭이 눈을 씻어 주고, 푸른 강바람이 땀을 식혀 준다. 이때 이스파한은 '사막의 진주'이고, 누가 뭐래도 '천국'이었을 것이다.

현대 이란 인들에게도 마찬가지다. 테헤란에 살다 이스파한에 가면 천국이 따로 없다. 이스파한에서는 길거리를 산책할 수 있는 보도와 한눈 팔면서 걷다가 잠시 쉬어 갈 수 있는 공원들이 있다. 테헤란이 보행자의 지옥이라고 느껴 봐야, 이스파한이 천국이라는 것을 제대로 실감하게 되는 것이다.

이스파한은 수량이 풍부하고, 사통팔달의 교통 요충지였다. '군대sepah가 있는 도시'라는 본래 이름에 걸맞은 군사 도시였다.

외적이 침입할 때마다 가장 먼저 공격받고 가장 처절하게 파괴되는 신세였다.

이스파한 주둔군 지휘관들은 역대로 비타협적인 무골들이었는지, 이슬람에 이어 몽골과 티무르에게 순순히 항복하지 않았다. 그 대가는 무참한 살육이었다. 베인 머리가 산을 이루고, 거기서 흐른 피가 자얀데 강을 핏물로 물들였다.

이스파한 사람들은 스스로를 지키기 위해 유대인처럼 돈을 모은 모양이었고, 지금도 별명이 '짠물'이다. 피난민이 많은 인천 사람들이 그렇듯, 이스파한 사람들은 전쟁통에서 이재理財에 밝은 구두쇠가 됐다는 우스갯소리가 있다.

초토화된 이스파한을 진주로 갈고닦은 이는 사파비 왕조의 제4대 샤황제 압바스 1세재위 1587~1629다. 그는 이란 인에게 세종대왕급의 사랑과 존경을 받는 성군이다.

샤 압바스는 17세에 왕이 된 뒤 국제 정세를 잘 읽어 영국의 도움으로 주변의 강대국들을 차례로 물리쳤다. 포르투갈 해군을 물리치고 되찾은 항구를 '반다르 압바스'라고 명명했는데, 현 이란의 최대 무역항이다.

샤 압바스는 전 세계의 장인과 예술가를 이스파한으로 불러들였다. 그는 "세상에서 가장 아름다운 도시를 만들라."고 명했다. 그 결과 "세상의 절반을 줘도 안 바꾸겠다."는 도시가 됐다.

이스파한은 천 년에 가까운 식민지의 한과 치욕을 아름다움으로 복수하기 위해 설계된 도시였다. 도시 전체를 낙원으로 만들고, 도시 곳곳의 정원과 모스크 또한 소규모 낙원으로 만들었다. 낙원들이 동심원처럼 도시 전체로 퍼져 나가는 형국이었다. 이스파한 여행은 낙원 여행이다. 도시 전체가 유네스코의 세계문화유산이기도 하다.

랜드마크 '이맘 광장'

사파비 왕조는 아랍에게 멸망당한 7세 중엽 이후 투르크 족과 몽골 족의 지배를 받다 850년만에 재건된 페르시아 제국이다. 이슬람 세계에서 박해받는 소수파였던 시아파 이슬람을 국교로 삼았다.

수니파에서는 왕이 최고의 종교 지도자를 겸했다. 그는 성과 속을 아우르는 절대 반지를 끼고 있었다. 하지만 시아파는 무함마드의 혈통만 이맘이 될 수 있다고 보았다. 페르시아 황제는 이맘이 될 수는 없었고, 종교 지도자들과 협력 또는 긴장 관계였다.

조선은 임금이 약하고 신하臣下가 강한 '군약신강'의 나라였다. 사파비 왕조는 임금이 약하고 신학자神學者가 강한 '군약신강'의 나라가 될 소지가 있었다.

페르시아는 이제 중동 지역과 이슬람 세계에서 홀로 독특한 세력이 됐다. 페르시아는 중동 지역에서 유일하게 아랍 세력과

'세상의 절반' 이스파한의 심장인 이맘 광장. 산책하기 어려울 만큼 더울 땐 마차를 타고 광장을 한 바퀴 돌 수 있다.

는 인종과 언어와 문화가 달랐다. 이제는 종교마저 다른 세력이 됐다. 사파비 왕조는 현대 신정국가 이란의 원형인 것이다.

이란은 4반만 년 전부터 제국이었다. 지금껏 다인종, 다민족, 다언어 국가로 살아가고 있다. 그러나 신정국가가 된 이후 이란은 다문화 국가는 아니라는 느낌이 든다.

예를 들어 이란에서 어느 도시를 가든 여행의 시작점이자 종착지는 '이맘호메이니 광장'이다. 이스파한도 예외가 아니다. 본래 각 도시 한복판마다 저마다 다른 이름의 광장이 있었는데, 1979년 혁명 이후 '이맘시아파의 최고 지도자를 뜻하는데, 주로 국부 호메이니를 칭함 광장'으로 통일시켰다.

화폐에 등장하는 인물 또한 단 한 명, '이맘 호메이니'이시다. 위대한 영혼이 수두룩한 나라이지만, 이란 이슬람 공화국의 국가 대표 상징 인물은 단 한 분이시다. 컬러 TV를 보다가 흑백 TV를 보는 기분이랄까.

공공 장소는 물론 모든 식당에도 전·현직 최고 지도자 2명의 사진이 액자에 담겨 있다. 밥을 먹다가 눈을 마주치면 입맛이 좀 그렇다. 김수영 시인은 4·19 혁명 직후 "그놈의 사진을 떼어 밑씻개로 쓰자."고 했던가.

거리와 도로 이름도 예전의 다양한 개성과 아름다움을 거둬 버리고, 종교 지도자와 이슬람 혁명 영웅들의 이름으로 바꿔 버렸다. 서구식 자유주의의 세례를 받은 방문객들에게 이란은 색

다른 경험을 선사하는 것이다.

이스파한의 이맘 광장은 천안문 광장 다음으로 크다는데, 원래 이름은 '낙쉐 자한'세상의 본래 모습이었다. 16세기 페르시아 인이 상상한 천국을 지상에 구현한 것이었다. 광장 자체가 하나의 큰 정원으로 다른 페르시아 정원들처럼 좌우 대칭의 모습을 지녔다.

직사각형의 광장을 빙 둘러가며 사방을 대표하는 건축물들이 있다. 동서남북 순으로 각각 셰이크 로트폴라흐 모스크레이디 모스크, 알리카푸알리의 문 궁전, 이맘 모스크블루 모스크, 바자르전통 시장가 있다. 이곳에 도착하면 자연스레 발걸음이 알리카푸 궁전으로 향하게 된다. 맨 나중에는 남는 시간만큼 바자르에서 쇼핑을 하게 될 것이다.

압바스 왕이 살았던 알리카푸 궁전은 음악 감상실을 갖춘 왕의 휴식처이자 발코니에서 광장 전체를 조망할 수 있는 영빈관이었다. 16세기 말 사파비 왕조의 힘과 권위를 드러내려는 온갖 장치가 즐비하다.

입구는 한쪽 모서리에서 속삭이는 소리를 대각선 방향 모서리에서 들을 수 있는 구조다. 외국 사신이나 협상팀이 왕을 만나러 궁으로 들어가기 직전, 그들이 구석으로 가서 등돌린 채 마지막으로 체크하는 협상 전략을 감청하는 구조는 아니었을까. 실제 종이컵 전화기처럼 소곤거리는 목소리가 벽을 타고 올라 천장을

압바스 왕이 살았던 알리카푸 궁전의 6층에 있는 음악 감상실. 천장과 벽면의
악기 문양은 서라운드 입체 음향 장치를 겸한 디자인이었을 것이다. 이곳의 악
사들은 영화 〈서편제〉처럼 가수의 눈을 일부러 안 보이게 했다는 소문이 있다.

기어 반대편 벽으로 흘러내렸다. 지금은 투명 플라스틱 패널로 귀퉁이를 보호하고 있어 벽에 귀를 대고 실험해 볼 수는 없다.

좁은 계단을 오르면 4층 발코니다. 왕의 조망권으로 광장 전체를 내려다 본다. 외국에서 손님이 오면 발코니에 앉아 이란 사람들이 생각하는 낙원의 모습을 구현한 정원을 보면서 차와 물담배를 권했을 것이다. 광장 양끝에는 폴로 골대돌기둥가 남아 있다. 왕은 때로 귀빈에게 폴로 경기를 보여 주었을 것이고, 때로 직접 경기장에 나가 홍해처럼 갈라지는 길을 따라 질풍처럼 말을 달려 단독 드리블 후 골을 넣는 모습을 뽐냈을 수도 있었겠다.

6층 음악 감상실은 천장과 벽면이 온통 현악기 문양으로 돼 있어 누구도 그 공간의 기능을 눈치챌 수 있다. 입체 서라운드 음향을 구현한 음악의 전당이었을 것이다. 악사를 불러 실내악을 들었는데, 악사들이 손님이나 궁중 여인을 볼 수 없도록 일부러 그들의 눈을 멀게 만들었다는 말도 있다. 영화 〈서편제〉나 〈파리넬리〉에서도 소리를 위해 가수의 눈을 멀게 하거나 거세를 했다.

음악 감상실의 벽화 중에서는 히잡을 쓰지 않은 채 검고 긴 생머리를 휘날리는 여인의 모습도 있다. 사파비 왕조가 이슬람을 국교로 삼기는 했지만, 복장 규정 따위가 지금보다는 여유가 있었던 듯하다.

맞은편 셰이크 로트폴라흐 모스크시아파 성직자 이름으로 압바스 왕의 장인는 여성 전용 모스크다. 알리카푸와 지하 통로로 연결돼, 왕과 왕의 여자들이 오갔다고 한다. 서너 차례 그 위를 지나가 봤지만 지하 통로를 발견하지는 못했다. 그런 통로가 진짜 있(었)는지를 확인해 준 가이드도 없었다.

이맘 모스크는 블루 모스크 또는 왕의 모스크라고 불린다. 거대한 모스크를 감싼 푸른빛 타일들의 아라베스크는 단순함의 깊이에서 우러나오는 웅장함을 보여 준다.

이맘 모스크 입구는 기하학적인 아라베스크 문양과 꽃 문양이 끝없이 펼쳐져 있다. 돔 표면은 푸른색을 띠고, 정상 부분은 채색 타일 모자이크로 화려하게 장식했다. 푸른색은 천국 정원의 영원한 생명을 뜻한다.

이맘 모스크는『쿠란』의 낙원을 구현한 것이다. 돔 부근에『쿠란』 문구를 새겨놓았다. "알라는 신앙심 깊은 남녀에게 약속했다. 작은 시내가 흐르는 낙원을. 또 그들이 영원히 그곳에서 살 수 있도록."

바자르에서의 쇼핑은 이스파한 여정의 하이라이트일 것이다. 특산물인 카펫, 은쟁반, 낙타 뼈 조각품, 기타 수제품 등 사고 싶은 물건들이 상점마다 가득하다. 장인과 예술가들이 공방을 겸한 가게도 많아서 작업 과정을 지켜보거나 체험하는 것도 가능하다. 유명한 카펫 가게도 많지만, 가격이 부담스럽다. 마치 '신포도'처럼 우리나라는 습기가 많아 카펫을 가져가 봐야 별로 쓸

바자르. 특산물인 카펫, 은쟁반, 낙
타 뼈 조각품, 기타 수제품 등 사고
싶은 물건들이 상점마다 가득하다.
이스파한 사람들의 별명은 '짠물'이
다. 몽골과 티무르에게 생명과 재산
을 완전히 털리면서 '스스로를 지키
려면 돈이 있어야 한다'고 믿게 된 것
같다. 관광객이 흥정해 봐야 시간 낭
비다. 아래 사진은 휴일이슬람의 휴일
은 금요일의 바자르.

모없다고 여기면서 가게를 나서게 된다.

아무리 흥정해 봐야 '짠물' 이스파한의 상술을 이기기는 어렵다. 눈치껏 이란 사람들이 사는 가격을 알아놓거나, 적당히 바가지를 쓰겠다는 편한 마음이 있어야 시간을 아낄 수 있다. 상인들은 '시간은 나의 편'이라는 사실을 너무 잘 알고 있다. 관광객이 흥정하다 돌아서도 붙잡는 시늉조차 하지 않는다.

40개의 기둥, 여덟 번째의 천국, 그리고

이맘 광장의 지근거리에 체헬소툰40개의 기둥이 있다. 20개 기둥이 떠받치고 있는 누각인데, 그게 연못에 비춰지면 기둥이 40개가 된다고 해서 붙여진 이름이다.

체헬소툰은 압바스 1~2세가 대를 이어 1647년 완공한 영빈관이다. 왕의 휴식과 외빈 영접을 위해 지은 누각이다. 울창한 숲속 정원에 긴 연못이 누워 있다.

누각의 벽면과 천장은 왕실의 행사를 묘사한 프레스코 벽화다. 카펫에 앉아 중국산 도자기와 금항아리에 담긴 술을 마시는 왕족들이 보인다. 오케스트라와 댄서들이 흥을 돋구고, 진수성찬의 잔칫상이 펼쳐져 있다. 유럽 사신들의 모습도 있다. 연못과 궁전 곳곳에는 사자상이 있다. 사자는 겨울과 밤, 그리고 악의 제국을 물리친 봄과 낮, 그리고 선을 상징한다.

체헬소툰 옆은 하쉬트 베헤쉬트8개의 천국라는 또 다른 궁전이
다. 『쿠란』에 따르면 천국은 7층 구조이므로, 이 궁전이 그 다음
의 천국인 것이다. 가족 단위로 소풍을 나온 시민들이 카펫 위에
서 밥을 먹는다. 사랑하는 사람들과 자리 깔고 수다 떨며 밥 먹
는 것이 천국의 한 장면이기는 할 것이다.

이란은 술, 여자, 도박, 로또 등이 금지된 금욕의 땅이다. 권장
되는 유흥은 가족 단위의 소풍이다. 자동차 트렁크에는 버너와
냄비 등속이 가정 상비약처럼 구비돼 있다. 고속도로 길섶이든
이웃집 담장 밑이든, 나무 그늘이 있는 곳이라면 거기에 자리를
깐다. 술이나 노래방 기기가 없이도 금세 흥을 내고 잘 논다. 소
풍과 파티가 몸에 배어서인지 아이들의 춤 솜씨가 장난이 아니
고, 장기 자랑을 시켜도 빼는 법이 없다.

이렇게 이란의 '천국'은 꽃과 나무의 그늘 아래에서 가족과 함
께 밥 먹는 곳이다. 사막에서 만난 붉은 장미 한 송이가 때로 백
만 송이 꽃 축제보다 아름다울 수 있다. 이스파한이 '이슬람 세계
에서 가장 아름다운 도시'인 이유는 그 주변이 다 사막이기 때문
인 것이다.

이스파한에서 천국의 정취를 만끽하고 싶다면 압바시 호텔에
서의 하룻밤을 권한다. 가난한 배낭 여행객이라도 한 번쯤 호강
과 사치를 누려 보면 어떨지. 옛날에는 카라반사라이대상인 숙소였
는데, 호텔 정원이 말 그대로 천국이다. 꽃과 나무와 분수가 어

테헤란에 있는 카펫 박물관의 전시작. 풀과 꽃과 과일나무가 무성한 가운데 사슴들이 노니는 오아시스 동산이야말로 페르시아 인들이 꿈꾸던 파라다이스가 아니었을까.

우러진 야외 식당은 에덴 동산이다. 근심과 걱정 없는 공주처럼 하루쯤 세상을 잊을 수 있다.

댐 건설로 말라 버린 생명의 젖줄

이스파한은 비극의 도시였다. 몽골과 '칭기즈칸의 후예'를 자처한 티무르에게 무자비한 대학살과 대약탈의 참변을 당했다.

그러고도 이스파한은 세상을 향해 활짝 열린 국제 도시로 재건되었다. 그 역력한 증거가 자얀데 강 위에 놓인 11개의 다리다. 고대 페르시아 제국의 관용과 상생의 정신이 이스파한의 다리로 이어진 것이다.

사파비 왕조는 자신 있었고, 거침없었다. 이스파한은 유라시아 대동맥의 교차로였다. 잘 나갈 때는 '1백만 명의 인구, 163개의 모스크, 48개의 학교, 1,801개의 가게, 263개의 공중 목욕탕'이 있었다.

개방성과 융통성, 그리고 다양한 민족과 종교가 어우러진 도시, 이스파한은 '세계의 절반'이었다.

수많은 실크로드 카라반들이 통행세를 내고 다리를 건넜을 것이다. 사막을 건너왔으나, 또 다른 사막을 건너야 하는 대상인들은 이스파한에 주저앉고 싶지 않았을까. 또다시 모래 폭풍과 도적떼, 갈증과 더위를 이겨내며 목숨을 걸어야 하는데 그들을 일으켜 세운 건 돈일까, 신용일까, 가족 부양의 의무일까.

비슷한 때 조선의 한강 풍경은 어땠을까. 암행어사 이몽룡은 청파역에서 말을 받은 뒤 나룻배를 타고 강을 건너갔다. 정조는 수원에 갈 때 한강 일대의 나룻배를 징발해 임시 부교를 만들어 강을 건넌 뒤 다리를 해체했다. 조선은 길과 지도를 만들지 않았던 것 같다.

두 나라의 건국 이념과 비전이 다른 탓이지만, 조선의 자기 완결적이고 자급자족한다는 세계관이 옹색하게 느껴졌다. 중국도 세계 최고의 수준이던 조선술과 항해술을 버리고 고립을 자초하

이제는 볼 수 없는 이스파한의 자얀데 강. 2012년 첫 여행 땐 '시오세 다리'를 배경으로 오리배를 타고 놀았다. 이듬해 갔을 땐 상류의 댐 완공으로 강바닥이 거북등이 됐다. 이 스파한의 절반이 사라져 버린 느낌이었다.

다 서구 열강에게 치욕을 맛보았다.

지금의 이란은 다리는커녕 징검다리도 치워 버렸다. 타락하고 오염된 외래 문화를 막아 무슬림적 삶의 순결성을 보호하기 위해서란다. 인터넷을 막아 놓은 것은 석유 이후의 세계를 살아가게 될 미래 세대에게 죄를 짓는 일 같다. 누구를 위해, 무엇을 위해.

이스파한의 다리는 국리민복으로 가는 지름길이었을 것이다. 이스파한의 다리 가운데 가장 인기 높았던 것이 '시오세폴'33개의 다리이었다. 강남 기독교도들의 졸파 지역유럽과의 교역을 위해 자치권을 준 아르메니아 인 구역과 강북 이슬람 교도를 이어 준 360m 길이의 다리다. 자동차는 못 다니고 보도로만 이용된다는 점이 더욱 매력적이다.

밤이 되면 오렌지빛 가로등이 하나둘 불을 밝힌다. 예전에 마차가 다녔던 14m 폭의 통행로가 인파로 붐빈다. 33개의 아치 밑으로 연인들이 모여든다. 그곳에는 밀어를 나누기에 딱 좋은 발코니형 테라스가 있는 것이다.

시오세폴 다리 아래 자얀데 강은 미라보 다리 아래 흐르는 세느 강보다 월등히 아름답다. 수량 풍부한 강물 위에 시오세폴이 데칼코마니로 번지면서 포개지는 풍경은 이스파한이 제공하는 최고의 선물이었다.

하지만 이것도 다 흘러간 타령이다. 2013년 시오세폴에 다시

갔을 때 물이 없었다. 상류의 댐이 완공됐다고 했다. 선착장 강물 위에 떠 있던 오리배와 보트는 강바닥에 박혀 있었다. 거북등처럼 갈라진 강바닥은 초콜릿보다 힘없이 부서지고 갈라졌다. 군데군데 수초 대신 잡초들이 자라고 있었다. 다리를 건널 땐 물냄새 대신 지린내가 풍겼다.

'물 태부족' 국가에서 수자원 관리는 생존을 위한 불가피한 선택이었을 것이다. 댐도 짓고 시오세폴도 살리는 방법이 있었을지는 모르겠다. 분명한 것은 먹고사는 일 앞에서 '진주'의 아름다움은 사치에 불과했다는 점이다.

졸파, 이슬람 공화국 내 기독교 자치구

샤 압바스는 제국의 번영을 위해 유럽과의 무역에 집중했다. 이를 위해 상술에 뛰어날 뿐더러 기독교도로서 유럽과 문화적으로 동질한 아르메니아 인을 대거 받아들였다. 아르메니아 인에게 종교적 자유를 허용하고, 세금을 낮게 매겼으며, 스스로 대표자를 뽑는 자치를 허용했다.

이스파한 내 아르메니아 사람들의 경제 특구이자 자치구가 바로 '졸파'다. 지금도 약 10만 명의 아르메니아 인들이 살고 있어서, 이란에서 가장 이국적인 분위기를 풍긴다.

졸파 내 기독교 교회인 반크아르메니아 어로 '수도원'는 지붕에 돔이

이스파한 내 아르메니아 인 경제 특구 졸파에 있는 반크 교회의 기독교 성화. 압바스 왕은 유럽 인들과 같은 종교(기독교)를 갖고 있고 상술이 뛰어난 아르메니아 인을 유치해 무역에 종사케 했다.

슬람 사원 양식을 씌운 것을 제외하고는 전체적으로 유럽 양식이다. 두 종교간 대화가 이루어진 건축물이라는 평을 듣는다. 교회 내부는 유럽 중세의 그것과 크게 다르지 않은 것 같았다. 이탈리아 화풍의 원색 성화들로 벽면과 천장을 도배했다.

지금은 예배당이라기보다는 '터키에 의한 아르메니아 인 대학살 사건1915~1918 박물관' 역할을 하고 있다. 20세기 최대의 인종 청소제노사이드의 하나인 이 사건의 개요는 이렇다.

"1914년 제1차 세계대전 발발을 계기로 아르메니아 인들이 오스만 통치자들의 압제에 반발하여 봉기를 일으켰다. (중략) 이에 1915년 오스만 제국은 아르메니아 남자들을 학살하기 위해 18세~50세 남자들을 모두 강제 징집하였다. 이들 중 대부분은 군사 훈련 및 공사 현장에 동원된 후 집단 사살되거나 과중한 노동 및 질병, 기아 등으로 사망하였다. 한편 부녀자, 노약자, 어린이들은 모두 사막으로 강제 추방되어 대부분 굶어 죽거나 질병으로 사망하였다. 이때 희생된 수는 아르메니아 측 정부의 주장에 따르면 150만~200만 명으로 추정된다. 이에 반해 터키 측은 사망 인원이 아르메니아 인 30여만 명, 터키인 수천 명이라고 주장하였다."(외교부, 「아르메니아 개황」)

최대 200만 명이 시리아 사막에서 죽어 간 이 사건이 나치의 유대인 학살에 비해 알려지지 않은 이유는 아르메니아 인이 유대인보다 힘이 약하기 때문일 것이다.

반크 교회에서 눈에 띤 또 다른 전시품은 금속활자본 성경이다. 정수일 선생은 실크로드 관련 행사 때 이란을 방문해서 "우리의 세계 최초 금속활자가 이란의 아르메니아 기독교인을 거쳐 독일의 쿠텐베르크에게 전파됐을 가능성이 있다."고 조심스레 운을 뗐다.

아르메니아 인은 상술뿐 아니라 섬세한 손기술이 뛰어났던 모양이다. 머리카락 위에 머리카락보다 20배나 얇은 다이아몬드 펜칼으로 성경 구절을 새겨 넣은 전시물과 세계에서 가장 작은 것이라는 성경이 있다.

우리의 팔만대장경이나 금속활자를 생각하면, 아르메니아 인역시 신앙의 힘으로 약소민족의 고통스런 역사를 이겨 내려고 했던 것 같다. 현미경으로 봐야 보이는 나노 사이즈의 글씨를 맨눈과 맨손으로 새겨 넣었다면 기도의 힘 덕분이었을 것이다.

신약성서 속의 페르시아

구약성서에서 페르시아는 바빌로니아에 잡혀 간 유대인을 해방시켜 고향으로 돌려보내고 예루살렘에 교회를 지을 돈까지 준 구원자이자, 신의 대리인이었다.

신약성서에서 페르시아 인은 세상에서 가장 먼저 예수가 신의 아들이라는 것을 알아본 이방인이었다.

"예수께서 (중략) 베들레헴에서 나셨는데 그때에 동방에서 박사들이 예루살렘에 와서 '유다 인의 왕으로 나신 분이 어디 계십니까? 우리는 동방에서 그분의 별을 보고 그분에게 경배하러 왔습니다'하고 말하였다."(마태오 2:1~3)

서기 원년의 동방은 알렉산더 세력을 쫓아낸 파르티아구약 '바대', 신약 '바르티아' 제국BC 250~AD 226의 시대였다. 파르티아 족은 말 타고 도망치는 척하다 몸을 돌려 활을 쏘는 '파르티안 샷Partian shot을 창시한 족속으로, 당시 로마가 지중해를 지배했다면 그들은 실크로드를 지배했다. 그들은 종교에 관대해서 기독교를 용인했고, 로마에서 핍박받던 유대인 난민들의 안식처가 돼 주었다.

로마의 기독교 공인 이후 성화聖畵에서 동방박사 3명은 페르시아 옷을 입었다. 베들레헴에 있는 예수 탄생 기념 성당의 모자이크에도 그렇게 묘사돼 있다고 한다. 기독교가 퍼지면서 그 3명은 페르시아·인도·아라비아 사람이 됐고, 16세기엔 각각 유럽·아시아·아프리카 대륙 대표자로 그려졌다고 한다.

그러면 '박사'는 누구인가. 그들은 예수를 만나기 전 로마 총독에게 가서 예수가 어디에 사는지를 물었다. 로마 제국 앞에서 당당한 태도를 보였다면 파르티아 황제의 신임장이나 통행증을 지닌 고위급 인사가 아니었을까. 그들은 천문학에도 능통한 고위급 '마기'마술을 뜻하는 '매직'의 어원이 된 조로아스터교 사제일 가능성이 크다.

전설에 따르면 동방박사들은 귀국 후 교회를 지었다. 그들 중 한 명이 묻힌 곳이 우루미예 호수 근처에 있는 '동방박사 기념 교회'다.

경배 이후 30여 년 세월이 흘렀다. 동방박사들은 제자들을 예루살렘에 보내 예수의 근황을 취재하도록 했다. 제자들이 도착했을 때는 예수가 부활해서 승천한 다음의 오순절이었다.

"혀 같은 것들이 나타나 불길처럼 갈라지며 각 사람 위에 내렸다. 그들의 마음은 성령으로 가득 차서 성령이 시키시는 대로 여러 가지 외국어로 말을 하기 시작하였다."(사도행전 2:3~4)

유대인들이 성령의 말씀을 세계 각국의 언어로 동시 통역^{방언}했는데, 모국어로 성령을 접한 자 가운데 '메대 사람, 엘람 사람'이 목격됐다. 그들은 성령 강림을 체험한 최초의 페르시아 인들이었다.

한편 예수의 12제자 중 하나인 다대오는 아르메니아 왕의 병을 고쳐 주고 아르메니아 인들에게 처음으로 복음을 전하다 순교했다. 이란 북부에는 그의 무덤 위에 세워졌다는 '다대오 순교 기념 교회'가 있다.

페르시아가 예루살렘을 정복해 예수가 못박혔던 십자가를 전리품으로 가져왔다가 유럽 기독교도들의 공분을 등에 업은 로마와의 전쟁 끝에 되돌려준 적도 있다.

조로아스터교가 제국의 국교가 되고, 역사의 라이벌인 로마가 기독교를 국교로 삼으면서 페르시아는 기독교를 탄압했다. 지상 최초의 기독교 국가였던 아르메니아는 두 제국의 고래 싸움에 늘상 등이 터지는 새우 신세였다.

아르메니아는 페르시아 강역의 북쪽에 자리했다. 그러나 마음은 종교가 같은 로마에 가 있었다. 기독교 아르메니아 국가를 이교도로부터 해방시키려는 로마, 자기 땅을 지키려는 페르시아는 줄기차게 싸웠다.

페르시아가 무슬림에 정복당하면서 페르시아 내 기독교가 빠르게 쇠퇴했다. 아르메니아 기독교도들의 수난은 감소되지 않았다. 무슬림의 예루살렘 정복, 십자군 전쟁 등 이슬람과 기독교 사이에 전쟁이 벌어질 때마다 아르메니아 사람들은 양쪽으로부터 '박쥐' 취급을 받았다.

이란으로 가는 직항의 하늘 길이 열리면, 이란으로 가는 기독교 성지 순례 여행 상품이 생길 것이다. 이란에서 무슬림을 상대로 선교를 하다 적발되면 '박해받고 싶어하는 순교자' 개인의 고통으로 국한되지 않을 것이다.

8

커션 Kashan

: 페르시아에서 이란으로 가는 길

검은 진주, 석유의 저주

황무지는 '버려진 땅'wasteland또는 '나쁜 땅'badland이 아니다. "백 날 땅 파 봐라, 10원짜리 동전 하나 나오는 줄 아느냐?"는 시쳇말도 수정되어야 한다. 황무지는 '풀과 나무가 안 보이는 땅'일 뿐이다. 페르시아의 황무지에서는 빨대만 꽂아도 석유와 천연 가스가 나오기 때문이다.

유럽 열강은 페르시아에 도착해서 조로아스터교 사원 근처를 파 보았다고 한다. '꺼지지 않는 불'이란 무한 리필로 새어 나오는 가스 연료와 우연한 스파크불꽃의 만남이었을 가능성을 보았던 것이었다.

불꽃을 보고 진리를 깨닫고자 했던 동양의 오랜 문명들은 '천박한' 서구 문명에 순식간에 역전당했다. "법문부처님 말씀 백 마디가 대포 한 문을 이기지 못한다."(한용운)는 고백이 여기저기에서 동시다발적으로 쏟아졌다.

페르시아 지역은 3대륙과 3대양의 배꼽이자, 중국을 세외한 제국들이 혈투를 벌인 유라시아의 중원이다. 석유가 발견되면서부터 강대국끼리 약육강식하는 무법 천지가 됐다.

눈물 없이는 볼 수 없는 근대 페르시아, 현대 이란의 비극은 눈에 보이지 않는 곳의 지하자원에서 비롯됐다고 해도 과언이 아니며, 그 비극은 현재 진행형이다.

살아 이스파한, 죽어 커션

'살아 진천, 죽어 용인'이라는데, 이란에서는 '살아 이스파한, 죽어 커션'이다. 커션은 테헤란에서 이스파한 가는 길의 딱 중간 지점, 자동차로 두어 시간 걸리는 오아시스 도시다.

아직껏 남아 있는 대상인 숙소카라반사라이에서 낙타 사파리나 사막 트레킹을 즐길 수 있다. 밤이면 은하수가 쏟아져 내리고, 음력 보름에 가면 숙소 옥상에 설치된 망원경으로 달의 분화구 속을 들여다볼 수 있다. 메르스가 창궐하기 전 그곳 식당에서 낙타 고기를 먹어 보았는데, 양고기보다 조금 더 부드러운 식감이었다.

오래 머물 시간이 없다면, 압바스 대왕1587~1629이 만든 여름 궁전 '핀 가든'이라도 잠시 들르면 어떨지. 샤 압바스가 "죽어서 이곳에 묻히고 싶다."고 말했다는 곳이다.

지진이 많은 동네에는 온천도 많은 것인지, 이란에는 온천도 많다. 핀 가든 정원 밑에서도 병에 잘 든다는 온천수가 솟아오른다. 왕이 이곳에서 목욕탕을 짓고 천연 사우나를 즐긴 이유다.

핀 가든 역시 페르시아의 이상향을 구현한 정원이다. 용천수를 끌어들인 팔각 연못에서 샘물이 퐁퐁 솟아오른다. 샘물이 수로를 따라 정원 곳곳을 흐르는데, 물이 스미는 곳마다 풀과 꽃과 나무가 피어난다.

수로의 바닥엔 천국의 색깔이자 물빛인 파란 타일을 깔았다. 그 위로 떠다니는 붉은 장미꽃잎이 포석정의 술잔 같다.

정원 중앙에 2층짜리 왕의 별장이 자리한다. 옆에는 손님을 위한 방과 목욕탕이 길게 늘어서 있다. 목욕탕은 아미르 카비르1807~1852 기념관으로 사용되고 있다. 그는 페르시아 최초의 근대인으로서 지금도 이란 사람들에게 큰 사랑과 존경을 받는 인물이다.

목욕탕에서 최후를 맞이한 첫 근대인

역사에 가정假은 없다지만, 아미르가 거기서 죽음으로써 페르시아 역사는 '안 봐도 비디오'가 됐다. 자생적 근대는 좌절되고, 짜증나고 지지부진한 역사가 이어지며, 눈물 없이는 볼 수 없는 반半 식민지가 되어 자원을 다 외세에 빼앗겼다. 1979년 세계 최초의 이슬람 혁명은 사필귀정이었다.

아미르 카비르의 시대였던 카자르 왕조1779~1925는 카스피 해의 터키 계 카자르 족이 세운 왕조였다. 이란 역사 오천 년 사상 이란 인에게 가장 인기없는 치욕스런 국가였다.

오아시스 도시 커션의 여름 궁전인 '핀 가든' 부분. 중세 페르시아의 이상향을 본뜬 정원이다. 팔각 연못의 용천수가 미세하게 경사진 물길을 따라 정원을 흘러다닌다.

대단한 현군이 나와도 새로운 문명의 쓰나미 앞에 선 사마귀에 불과했을 텐데, 나라를 팔아먹는 무능한 군주들 탓에 내우외환이 깊어갔다. 군주들은 유럽 여행 경비를 마련하려고 철도 부설권, 지하자원 개발권 등을 외국에 마구 팔아치웠다. 그 밑의 귀족도 함께 썩어 갔다.

서구 열강은 페르시아와 전쟁을 벌이고 나서, 그들이 원하는 것들을 적은 긴 목록표와 짧은 마감 일자를 건넸다. 페르시아의 북쪽은 줄기차게 남하 정책을 시도한 러시아가 차지했다. 국토의 남쪽은 해군의 에너지를 석탄에서 석유로 바꾸려던 영국이 가져갔다.

영토는 쪼그라들 대로 쪼그라들어 지금의 국경선으로 확정됐다. '썩어도 준치'라고 다 빼앗기고도 한반도 7.5배 크기의 국토를 남겼다.

한반도 2배 크기의 카스피 해는 페르시아 제국의 내해였으나, 코카서스아제르바이잔 · 아르메니아 지역 지방을 러시아에게 빼앗기면서 현 이란은 한 모퉁이를 차지하고 있을 뿐이다. 1890년대에는 오늘날의 투르크메니스탄 · 우즈베키스탄 지역을 러시아에 넘겼다.

전신, 철도, 광산, 은행, 벌채, 운하가 유럽 특히 영국에 넘어갔다. 샤는 페르시아의 주력 수출품이자 페르시아 인의 애용품인 물담배에 대한 전매권을 1890년 영국에게 넘기기도 했다. 전국적으로 민중들의 담배 불매 운동이 불붙었다. 샤는 영국에게 담배 이권을 되돌려 받았다. 물론 공짜는 아니었다. 영국에게 거액을 차입해서 위약금을 물어 주느라 나라 경제가 더욱 영국에 종속됐다.

무능한 왕의 모습을 보여 준 대표적인 인물이 제4대 왕인 나시르 알 딘 샤1831~1896였다. 그는 유럽 여행을 좋아한 사치스런 독재자였다. 약 50년간 통치하면서 다른 나라에 특혜를 퍼 주었다.

이때 아미르 카비르1807~1852가 나타났다. 그는 새로운 시대적 도전 앞에서 책임감 있는 개혁을 추구하고자 했다.

아미르 카비르는 제국의 최하층, 재상의 부엌에서 일하던 하인의 아들이었다. '낭중지추'였던 아미르는 주인의 후원으로 교육을 받아 '개천에서 난 용'이 됐다. 그는 왕의 누이와 결혼했다.

아미르는 국민적 지지에 힘입어 1848~1851년 일인지하 만인지상의 재상이 되었다. 궁내 대신과 왕족의 급여를 줄여 예산을 아끼고, 부정부패 척결에 힘을 쏟았으며, 군대와 행정을 개혁했다. 현대 과학 교육의 산실이 된 '다루 알포눈'학예관을 세웠고, 인재를 유럽으로 유학 보냈다.

그의 국가 개조 프로젝트이자 자주적인 근대화 드라이브에 대해 기득권층은 살의 이상의 적개심을 표현했다. 왕후장상들이 왕의 어머니를 꼬드겼다. 왕은 결국 총리를 사임시키고, 핀 가든으로 유배 보냈다.

1852년 1월 10일, 아미르는 왕의 어머니가 보낸 것으로 추정되는 자객에게 목욕탕에서 습격당했다. 자객이 아미르의 손목 정맥을 그었다고 한다. 아미르는 죽음에 저항하지 않았던 모양이다. 현재 전시관의 밀납인형인지 마네킹인지로 재현된 최후의 장면을 보면, 아미르의 죽음은 자결에 가까운 것 같다. 아미르가 심복의 칼에 손목을 맡긴 채 의연하게 죽음을 맞이했다.

이후 페르시아 역사는 날개 없이 추락했다. 페르시아의 자생적 근대는 좌절되고, 하이에나 떼에게 뜯어 먹히는 초식 공룡 신세가 됐다.

페르시아 최초의 근대인 아미르 카비르1807~1851가 핀 가든 목욕탕에서 최후를 맞이하고 있다. 그의 죽음은 카자르 왕조1779~1925의 기득권층이 능력주의를 포함한 자생적 근대화의 싹을 밟아 놓은 것으로 평가되고 있다.

농업 혁명 이후 인류는 그다지 변할 게 없는 세상에서 살았다. 해 뜨면 일어나 일하고, 해 지면 발 씻고 잤다. 풍년 들면 배불리 먹고, 흉년 들면 굶었다. 그것이 도(道)였다. 고조할아버지와 나의 증손자가 같은 시대를 사는 동시대인이었다. 한 해라도 더 살아서 여름이 지나면 태풍이 온다는 걸 아는 연장자가 공동체 최고의 현인이었다.

1750년 즈음해 지구에 '괴물'이 나타났다. 인류사에 없었던 '플러스 성장'positive economic growth이라는 놈이다. 기술의 발전과 자본의 축적으로 '경제적 발전'(제프리 삭스,『지속 가능한 발전의 시대』)이라는 게 나타난 것이다. 수천 년간 불던 동풍이 서풍으로 바뀌는 순간이었다.

'무지에 대한 무지'(유발 하라리,『사피엔스』)야말로 동서양 역전극의 빌미였을 수도 있다. 과학 혁명 이전의 인류는 진보를 믿지 않았으며, 황금 시대는 언제나 과거에 있었다고 믿었다. 지식보다 지혜를 추구했으며, 지혜의 보물 창고는 경전이었다. 모르는 게 생기면 예수, 부처, 공자, 무함마드의 말씀에서 답을 찾아냈다. 실제 그 안에 모든 게 있었다. 어느 순간 인간이 과학과 자본주의를 통해 자신의 무지를 인정하기 시작했다. "나는 모른다. 알고 싶다."

서구의 과학이 패러다임의 전환을 통해 과학 혁명을 이뤄 낼 때, 동양의 그것은 그러지 못했을 뿐이다.(토마스 쿤,『과학 혁명의 구조』) 동양의 과학이 그 자체로 열등하거나 틀린 것은 아니다. 모든 게 완벽히 갖추어진 자기 완결적이고 자기 충족적인 아늑한 요람에서 깨어나고 싶지 않았을 뿐이었다. 새로운 바람이 불자 요람이 뒤집어졌다.

페르시아도 예외가 아니었다. 요람에서 바닥으로 내동댕이쳐진 후엔 절망감 때문인지 최후의 자존심마저 무너진 것 같았다.

4대 샤가 피살당한 후 그의 아들 무자파르 알 딘 샤_{재위 1896~1907}가 제5대 임금이 됐다. 그 아비에 그 아들이었다. 1901년 그는 드넓은 지역의 석유 채굴권을 60년간 영국에 넘겼다. 영국은 그로부터 7년 뒤 페르시아 만에서 세계 최대의 유전을 발견하고 석유 회사_{훗날의 브리티시페트롤, BP}를 만들었다. 영국은 경제적 이득을 위해서라면 인간이 상상할 수 있는 모든 악행을 저질렀다. 페르시아는 영국의 속주나 다름없었다.

민족주의 성향을 띤 시아파 성직자, 테헤란 바자르_{시장}의 상인, 그리고 신학교를 포함한 젊은이들의 저항으로 카자르 왕국은 1907년 중동 최초의 입헌군주제 국가가 됐다. 국민 스스로 헌법과 의회를 만들어 냈고, 군주는 상징적인 권한만 갖게 됐다. 이후 성직자와 상인 세력은 역사의 고비 고비마다 동맹군이 되어 물줄기를 바꾸었다.

페르시아의 민족주의 혁명은 그러나 러시아의 방해로 실패했다. 러시아는 제6대 무함마드 알리 샤재위 1907~1909의 집권을 도운 뒤, 의회를 해산시키고 혁명 세력을 체포했다. 페르시아 전역에서 저항이 거세지자 샤는 러시아로 망명했다. 제7대 술탄 아흐마드 샤는 11세에 즉위한 '마지막 황제'였다.

이번엔 1921년 영국을 등에 업은 레자 칸이 쿠데타를 일으켰다. 1925년 팔레비 왕조가 들어섰다. 카자르 왕조는 그것으로 끝이었다.

팔레비 왕조, 페르시아에서 이란으로

제1차 세계대전 중 러시아 혁명이 일어났다. 영국은 러시아의 혼란을 이용해 페르시아에 대한 영향력을 독점하고자 레자 팔레비1878~1944 대령을 꼬드겼다. 팔레비는 자신의 코사크 여단당시 페르시아의 유일한 현대식 군대을 테헤란으로 회군한 뒤, 스스로 군 총사령관에 이어 총리에 올랐다. 그는 1925년 팔레비 왕조를 세워 나폴레옹처럼 스스로 황제샤가 되었다.

그의 롤 모델은 터키의 무스타파 케말이었다. 세속주의 공화국을 꿈꿨으나, 성직자들의 반대로 왕정을 택했다. 그는 '서구화=근대화'라 여겨 여성의 히잡 착용을 금지시켰고, 미니 스커트를 권했다. 보수주의자들은 세상 전체가 타락하고 오염됐다면서 또

다시 저항을 개시했다. 레자는 코웃음을 쳤다. "종교 지도자들의 뇌는 천 년 동안 회전하지 않았다."

그는 1935년 나라의 이름을 이란으로 바꾸었다. '이란 민족은 아랍 족이 아니라 유럽 인과 같은 아리안 인종'이라는 뜻을 지녔다. 나치 독일이 승승장구하자, 이란 역시 그들과 같이 우월한 아리안 족이라는 사실을 강조하고 싶었다. 팔레비는 외교 사절들에게 "희랍인들이 '그리스'보다 '헬라'를 선호하는 것처럼 우리를 '페르시아' 대신 우리 스스로를 부를 때 사용하는 '이란'이라는 이름으로 불러 달라."고 요구했다.

'페르시아'는 한국으로 치자면 '코레'쯤 될 것이다. 따라서 이란인들은 그들의 언어를 '페르시아 어'파르시 대신 '이란 어'라고 불러주면 좋아한다. '이란'이라는 말은 '고귀한'이라는 뜻이라 한다.

페르시아 인의 고향은 이란 고원이었다. 그곳 사람들은 스스로를 '아리아'라고 칭했다. 알렉산더의 동방 원정에 참가했던 그리스 인들은 이란 고원을 '아리아나'아리아 인의 나라라고 불렀다.

'이란'이란 국호를 역사 속으로 다시 호출한 사람은 1935년 당시 주 독일 이란 대사였다고 한다. 팔레비 왕조는 영국과 러시아로부터 벗어나고 싶었다. 마침 아리안 혈통을 지닌 독일이 신흥 강자로 떠오르고 있었다. 이란 외교부는 테헤란의 모든 외국 공관에 '이란'이란 국호를 사용해 달라고 요청했다.

그 발음은 처음에 'alien'외계인이라 들렸다. 페르시아가 이란이

테헤란의 사드아바드 궁에 있는 레자
팔레비 왕 동상의 다리 부분. 원래 건물
높이의 전신상이었으나 1979년 혁명
때 부서지고 남은 부분이라고 한다.

라는 사실을 아는 사람도 드물었다. 다들 이라크나 요르단처럼
오토만 제국으로부터 독립한 신생국으로 알았다.

그러나 독일의 아리안 족게르만 족은 이란의 아리안 족과는 생
각이 좀 달랐던 모양이었다. 나치는 '열등한 인종'과 섞이지 않은
'순수한 아리안 족'이 우월하다고 강조했다. "인도와 페르시아의
아리아 인은 현지 원주민과 결혼해서 흰 피부와 금발을 잃고, 이
에 따라 합리성과 근면성을 잃고 문명이 쇠퇴했다."(『사피엔스』)

서구의 독선과 오만에도 불구하고 '빛은 동방으로부터'라는 사
실은 변함이 없다. 그리스 문명조차 아프리카·중동 기원설이 정
설인 모양이다. 아테나 여신도 원래는 검은 피부였다. '백인 예

수'보다 '검은 예수'가 진실에 더 가까운 것은 아닐지.

"1820년대 이후 식민주의와 인종주의의 득세와 실증사학을 내세운 서구 학자들에 의해 조직적으로 은폐되고 날조된 결과 그리스 문명이 아리안 족의 독자적 문명으로 재탄생했다."(마틴 버넬, 『블랙 아테나』)

모사데크, 백색 혁명, 그리고 만세 전前

무함마드 팔레비1919~1980는 '이란 왕조'의 두 번째이자 마지막 황제였다. 고문과 테러와 살육으로 반대자를 제압하는 공포정치로 이란을 통제하면서 근대화에 집중했다.(백색 혁명 전후의 이란 현대사는 위키피디아와 네이버에서 발췌했으며, 일일이 출처를 밝히지 않음.)

1951년 민족주의자 모사데크1880~1967는 국왕의 승인 없이 처음으로 의회에 의해 수상으로 선출됐다. 그는 '이란 석유는 이란 국민의 것'이라며 영국-이란 석유 회사를 국유화했다. 이는 중동의 자원 민족주의 운동을 촉발했다. 그는 영국과 국교를 단절했고, 영국은 페르시아 만에 군함을 보내 2년간 이란의 석유 수출을 봉쇄했다.

모사데크는 국민과 의회의 지지로 왕보다 큰 힘을 갖게 됐다. 그러나 경제 봉쇄 때문에 국가가 재정 위기에 빠졌다. 이 틈을 노려 팔레비 왕은 1953년 모사데크를 해임했다. 양쪽의 유혈 사태 끝에 왕이 망명길에 올랐다.

1953년 미국 석유회사 록펠러 출신들이 미 국무장관과 CIA국장에 임명됐다. '에이젝스'트로이전쟁 때 그리스 영웅라는 모사데크 축출 작전이 펼쳐졌다. CIA가 국왕과 군대를 움직여 수상과 군대를 물리치고 왕을 복귀시켰다. 작전의 지휘자는 제26대 미 대통령 시오도어 루스벨트의 손자인 미 육군 소령CIA 근무이었다.

젊은 샤는 왕권을 되돌려준 미국 소령에게 감사 말씀을 전했다. "나는 신과 나의 국민과 군대, 그리고 당신 덕분에 왕위를 얻게 되었소." 이후 이란 국민은 그들의 왕이 CIA 자문관 아래에 있는 모습을 지켜보았다.

모사데크는 비공개 군사재판정에서 꾸벅꾸벅 졸거나 허공을 쳐다보았다. 그는 사형을 선고받았으나, 샤가 3년형으로 감형했다. 출소 후 자택 연금 상태에서 1967년 후두암으로 죽었다. 그는 '이란의 조지 워싱턴'독립의 아버지이란 칭호를 얻었다. 어떤 이는 그를 '이란의 마하트마 간디'라고 부르기도 했다.

미국은 이란에서 석유를 얻고, 이란 국민을 잃었다. 이란은 친미 국가가 되었으나, 이란 국민은 반미 감정의 화신이 됐다. 미국은 이란 역사상 최초로 민주적으로 선출된 총리를 쫓아내 '이란의 꿈'을 짓밟은 것이다.

영국의 것이었던 이란의 석유는 영국과 미국의 공동 소유가 됐다. 미국은 이란에서 꿀맛을 본 이후 중동과 남미 등지에서 한 국가의 정부를 임의로 '교체'하는 내정 간섭과 쿠데타를 이어갔다.

미국으로부터 '절대 반지'를 받은 팔레비는 자국민에게는 황제였으나, 미국에게는 장기판의 졸이었다. 미국의 국익에 따라 자기 자신도 '바꿔치기'될 수 있는 운명이라는 것을 알고 있었다.

팔레비는 1963년 농지 개혁, 국영 공장의 민영화, 여성 참정권의 승인 등을 주요 내용으로 하는 백색 혁명을 단행했다. 이란을 2000년까지 세계 5대 강국으로 발전시키겠다는 비전도 발표했다. 실제 이란은 1970년대 오일 쇼크로 벌어들인 달러를 근대화에 아낌없이 투자해서 세계 10위권의 경제 대국 반열에 올랐다. 1980년대초 세계 7대 경제 대국 진입이 손에 잡힐 듯했다.

그러나 비밀경찰에 의지한 무지막지한 공안 통치, 빈부격차의 확대, 일방적인 서구화로 인한 전통 세력의 붕괴 등으로 종교 세력과 기층 민중의 저항이 거세졌다.

1978년 지미 카터 미국 대통령이 테헤란을 방문했다. 그는 테헤란을 '평온의 섬'이라 불렀지만, 이미 수상한 공기가 만연한 상태였다. 저녁 뉴스에 샤가 샴페인으로 축배를 드는 모습이 방영됐다. 이란의 국가 지도자가 술을 마시는 장면이 최초로 방송을 탔다.

여기저기서 민중 봉기가 발생했고, 경찰은 시위대에 발포했다. 프랑스에 망명 중이던 호메이니 옹이 국민들의 정신적인 지주로 급부상했다. 국민들이 너나없이 지붕에 올라 샤의 퇴진을 외쳤다. 1979년초 팔레비 왕조가 무너졌다.

테헤란 니아바란 궁에 있는 팔레비 왕의 사진.

팔레비 왕이 니아바란 궁에서 만찬사를 하고 있다. 가까이에 히잡을 쓰지 않은 여성의 머리와 멀리 여성의 팔뚝이 보인다.

이란 시위대는 미국 대사관을 점거했다. 대사관 직원들을 인질로 잡고 두 가지 요구 조건을 내걸었다. 미국으로 망명한 팔레비 전 국왕을 이란으로 소환할 것, 그리고 모사데크 축출에 대해 미 정부는 공식 사과할 것.

미국과 이란의 관계는 최악으로 치달았다. 이란은 자위 수단으로 핵무기 개발을 공식 선언했다. 테헤란 시내의 빌딩에는 '미국은 사탄의 제국', '미국은 대마왕', '미국을 죽이자'는 등의 구호가 적힌 벽화가 그려졌다.

2002년 미국 부시 대통령이 이란을 '악의 축'이라고 했다. 국제사회에서 이란에 대한 제재를 추가했다.

2012년 이란 핵개발이 본격화되자 미국을 필두로 서방 국가들은 초강력 제재로 이란 경제의 목줄을 쥔다. 범박하게 말하자면, 이란과 연결된 금융경제의 실핏줄을 모조리 끊어 버렸다. 보험에 들수 없으니 이란으로 떠날 배가 없고, 상품을 부려놓는다 해도 은행을 통해 돈을 받을 수가 없게 됐다.

우리나라도 유럽 및 일본과 함께 경제 제재에 동참했다. 이란 시장을 잡으려다 미국 시장을 놓칠 수는 없는 일이었다. 이란의 체감 물가는 연 50% 이상 뛰었다.

이란에 가면 수시로 이런 문답을 하게 될 것이다. 이란 인이 묻는다.

"이란 좋냐?"

"응."

"얼마나 좋은데?"

"많이."

"이란이 더 좋으니, 한국이 더 좋으니?"

"아, 글쎄, 어렵네."

이란 인은 그들의 종교와 역사와 문화에 대해 지극한 자부심을 갖고 있다. 하지만 좀 친해지면 '그때가 좋았다'면서, 우리로 치면 국가보안법 위반에 해당하는 위험한 말을 하는 사람도 있다. 식당에 걸려 있는 두 최고 지도자를 손가락으로 가리키며 "호메이니 때는 괜찮았는데, 지금 최고 지도자가 나라를 망친 것 같애."라며 국부를 능멸하지 않으면서 에둘러 체제 비판적인 시각을 드러낸다.

"나 젊었을 땐 한국 사람들이 이란에서 지금 아프가니 이란에 난민으로 와 있는 '아프가니스탄 사람'을 비하하는 말로 이란 사회의 최하위 계층들이 하는 일을 했지. 한국 사람들은 참 부지런했어. 일찍 일어나고, 더운 날에도 쉬지 않고 일하고. 그때 환율이 1리알 이란 화폐 단위이면 1US 달러였지. 지금 1달러는 33,000리알이야."

혁명 이후 30여 년간 이란의 화폐 가치는 30,000분의 1로 떨어졌다. 모두 괴로워하는데, 아무도 체제에 저항하지 못한다.

팔레비 왕조의 수도 테헤란에는 팔레비 가족이 살던 곳이 두 군데 있는데, 모두 박물관으로 운영되고 있다.

사드아바드 궁은 과거 카자르 왕의 여름 별장이었다. 1930년 레자 황제가 8년에 걸쳐 증축했다. 사시사철 스프링클러가 돌면서 잔디를 적시는 '별유천지비인간別有天地非人間'이다. 키 큰 아름드리 나무들이 빽빽하고, 만년 설산에서 녹아 내린 시냇물이 급경사를 따라 폭포수처럼 흐르는 소리가 들린다.

이 궁은 18개의 주제별 박물관으로 구성됐다. 녹색 건물인 '그린 팰리스'는 레자의 접견실로써 페르시아 거울 예술의 진수를 맛볼 수 있다. 백색 궁전은 1930년대 팔레비 왕이 지은 것으로 왕비의 거처였다. 그곳의 모든 것은 당대 최고의 명품들이다.

2012년까지 내외국인 구별 없이 '껌값'의 입장료를 내고 궁 전체를 돌아볼 수 있었다. 그 이듬해 외국인 관람객 입장료가 자국민 대비 10배 이상으로 뛰었다. 그것도 모자라 각 박물관 별로 추가 관람료를 내야 한다. 절에 가서 대웅전, 조사전, 명부전 관람료를 따로따로 내고 봐야 하는 형국이다. 기분은 좀 상하겠지만, 거기까지 갔다면 안 보는 게 손해다.

멀지 않은 곳에 니아바란 궁이 있다. 본래 카자르 왕들의 거처였고, 팔레비 왕조가 재건축해 직접 살았던 곳이다. 팔레비 가족

테헤란 중심부에 자리한 카자르 왕조의 골레스탄 궁전의 내부. 유럽 여행을 즐겼던 나세르 알 딘 샤가 그 자리에 있던 사파비 왕조의 궁궐을 부수고 유럽 스타일로 다시 지었다고 한다. 유리로 장식한 실내가 화려하게 번쩍거린다.

이 혁명 당시 얼마나 황망히 나라를 떠났는지, 숟가락 한 개까지 그대로 남아 있다. 1970년대 세계 최고 부자의 집을 속속들이 들여다볼 수 있다.

왕 부부의 침실과 드레스룸은 화려하다. 부부의 사진을 보면 왕의 관상이 따로 있는가 싶다. 팔레비는 왕처럼 생겼고, 파라는 왕비처럼 생겼다. 이 궁전의 모든 물건은 그 당시 세상에서 가장 좋은 것만 모아 놓은 콜렉션이겠다. 미술을 전공하고 돈이라면 부족할 게 없는 왕비가 직접 고른 명품들이다.

왕비가 사 모은 유럽 명화들은 파리의 미술관 하나 이상이어서 매년 주제를 달리해 전시회가 열린다. 피카소·모딜리아니·고갱·르누아르·샤갈 그리고 인상파 화가들의 작품 정도는 매년 나온다.

레자 왕자의 공부방에는 축구를 하는 사진들이 여럿 있다. 조종사를 꿈꿨는지 비행기 조종간에 앉은 모습도 있고, 모형 비행기도 많았던 것 같다. 공주의 침실은 디즈니 캐릭터로 꾸며져 있던 것으로 기억한다.

왕가의 최후

말년 운이 좋아야 성공한 인생일까. 금수저 정도가 아니라 '미다스의 손'을 지닌 황제와 그의 가족들인데, 그 삶이라고 해서 더 행복했을까. 망명 이후 그 집안 사람들의 이력은 아래와 같다.

팔레비 왕은 슬하에 2남 3녀를 두었다. 첫 부인이집트 파우드 1세의 외손녀과는 젊어서 이혼했으나 공주를 하나 두었다. 둘째 부인 사이에서는 자녀가 없었다. 셋째 부인인 파라 디바 왕비 사이에 2남 2녀레자 팔레비 왕자, 파라흐나즈 공주, 알리 레자 왕자, 레일라 공주를 두었다. 팔레비 가족은 1979년 1월 혁명 후 테헤란을 떠나 이집트, 모로코, 그리스 등지를 전전하다 1980년 당시 사다트 이집트 대통령이 마련해 준 궁에 정착했다. 그러나 팔레비 왕은 지병이었던 암림프종이 급속히 악화돼 그해 7월 사망했다. 사다트 대통령이 국장을 치루어 주고, 모스크에 무덤도 만들어 주었다.

팔레비 사후에도 가족들은 계속 이집트 궁에 거주하다 후원자이던 사다트 대통령이 1981년 10월 암살당하자 수개월 후 미국으로 이주, 코넷티컷 주 그린위치 마을에 정착했다.

파라 왕비는 자녀가 성장한 후 왕정 국가의 왕실 행사에 참석하는 등 공식 활동을 하고 있고, 2003년에는 자서전 『오래된 사랑』An Enduring Love을 출간하기도 하고 언론에 가끔 모습을 드러낸다. 연로한 그녀는 이제 자녀가 있는 미국 워싱턴과 파리를 오가며 살고 있다.

첫째 공주는 망명 당시 이미 결혼한 성인이어서 가족과 동행하지 않은 채 스위스에 정착하여 별다른 사회 활동 없이 살고 있다.

장남 레자 팔레비는 2013년 망명 정부를 구성해 자신의 홈페

니아바란 궁에 남아 있는 파라 왕비의
초상화.(위) 그녀는 망명지에서 자녀
들이 차례로 불귀不歸의 넋이 되는 것
을 보며 살아가고 있다. 니아바란 궁
막내 왕자의 방에 있는 액자 속의 사
진.(아래)

이지www.rezapahlavi.org도 운영하면서 나름 활발한 반反이란 정치 활동을 전개하고 있다.

장녀는 콜롬비아대에서 아동심리학 석사 학위를 받았으나 특별한 사회 활동을 하고 있는 기록은 없다. 막내딸이 자살한 이후 파라 왕비와 살갑게 이야기 할 수 있는 유일한 상대라 어머니 일을 도우면서 지내고 있는 모양이다.

차남 알리 레자는 머리가 좋았던 듯 프린스턴대 학사, 콜롬비아대 석사를 거쳐 하버드대에서 고대 이란학 박사 과정을 밟던 중 '유골을 카스피 해에 뿌려 달라'는 유서를 남기고 2011년 자살했다. 어머니 파라 왕비는 아들의 이름으로 하버드대에서 이란학을 전공하는 학생을 위한 장학재단을 설립했다.

사실 팔레비 가족은 이란 혁명 이후 세간의 관심에서 사라졌다. 아이들이 아직 어렸고, 파라 왕비도 홀몸으로 2남 2녀 교육에 전념했기 때문이다.

그러다 세계는 2001년 막내딸 레일라 공주가 런던의 한 호텔 방에서 약물 중독으로 사망한 채 발견되면서 다시 관심을 갖는다. 수면제를 치사량 이상 복용했고, 평소에도 상습적으로 과다 복용해 온 것으로 드러났으며, 워낙 오랫동안 우울증으로 인한 불면증에 시달려 몰골이 말이 아니었다고 한다.

이 늦둥이 공주는 팔레비 왕정 시기 이란 국민의 귀여움을 독차지했던 마스코트였다. 불과 아홉 살의 나이에 조국을 떠났다

19세기 말 커션의 대표적인 부잣집 카펫 상인 타버타버이의 집. 뜰에는 분수가 있었고, 방은 40개가 있었다. 실내의 부조와 거울 장식, 테인드글라스가 아름답다.

가 어느 날 죽었다는 소식이 전해지자 그 앙증맞은 모습을 기억하는 많은 이란 인들이 놀라고 안타까워했다."(주駐 이란 한국 대사관 홈페이지,『가볍게 읽어 보는 이란』)

　망자에게 평온이 있기를. 부귀영화가 무슨 소용인가. 산 자들은 오래오래 살아남기를.

9

테헤란 *Teheran* 1
: 혁명의 낮과 밤

"맨손으로 타락한 문화를 거둬 내고 있다"

성직자 출신인 하타미 전 이란 대통령은 그의 저서『문명의 대화』에서 세계사를 '암흑의 나날'이슬람 이전의 아랍 세계과 '알라의 나날'이슬람 이후의 세계로 시대 구분했다.

이슬람교도들이 보기에 이슬람이 탄생한 7세기 중반 이전의 세계사는 무지와 몽매 그리고 야만의 역사였다. 그들이 보기에 이슬람 탄생 이후의 세계사는 '신성한 시간과 신성한 존재의 왕국'을 만들기 위한 투쟁의 역사이다.

1979년 이란은 이슬람 혁명에 성공해서 '알라의 나날'을 일상 속에서 구현하려는 인류사적 여정을 시작했다. 서구 자본주의의 쓰레기 같은 문화를 대청소해서 초기 이슬람의 아름다운 공동체 문화를 구현하려는 신정국가 이란의 도전은 성공할 것인가.

프랑스 철학자 미셸 푸코는 이슬람 혁명에 대해 큰 기대를 숨기지 않았다. 이란 민중이 맨손으로 '가장 잘 무장된 나라'미국과 그의 주구인 팔레비 왕에 항거하는 모습에 감동받았다.

그는 혁명 전야의 테헤란 르포에서 "이란 민중은 미국식 현대화라는 탈을 쓴 타락하고 전제주의적인 왕정 체제 속에서 무릎

끓고 살기보다는 서서 죽는 위험을 택했다."고 적었다.

"우리들 각자를 짓누르고 있는 거대한 힘을 들어올리려는 맨손의 사람들이 벌이는 봉기였다. 옛 문명이 우리의 타락한 문화에 항거하기 위해 잠에서 깨어나고 있다."(자네트 콜롱벨, 『미셸 푸코, 죽음의 빛』)

푸코는 팔레비 왕조가 미국의 슬하에서 밀어붙인 근대화가 얼마나 싸구려였는지를 보여 주기 위해 한국을 끌어들이기도 했다. "바자르시장에서 발견한 '메이드 인 코리아' 원산지 표시가 붙어 있는 낡은 재봉틀은 중동 한복판에서 미국에 의해 지도·수행된 거짓 진화를 명백히 의미했다."

푸코는 그러나 '결국 유혈을 동반하는 교조주의적 정부' 또는 '호메이니에 의해 세워진 비관용적이고 잔인한 권력' 등 수상한 흐름을 지적하면서 이란에 대해 입을 다물었다. 그는 러시아 소비에트 혁명이나 중국의 문화대혁명에 열광했다가 끝내 환멸을 고백했던 선배 지식인들의 전철을 밟은 것 같다.

시아파의 두 기둥, '아슈라'와 '메시아'

혁명 후 이란은 입헌군주제에서 신정일치의 이슬람 공화국이 됐다. 가장 근본적인 변화는 정서랄까 마음이랄까, 영혼 자체를 '리셋' 또는 '재부팅'해야 했다는 점이었다.

팔레비 왕조는 고대 페르시아 제국에서 정통성을 찾았고, 국가 경영의 '빛'을 보았다. 반면 성직자들에게 이슬람 이전의 페르시아 역사는 '암흑의 나날'일 뿐이었다.

더구나 이란이 선택한 시아 이슬람은 슬픔의 종교, 죽음의 종교였다. 현재 19억 명의 무슬림 중 시아파는 15%쯤인데, 소수파는 이단으로 몰리면서 이교도보다 더한 핍박을 받게 마련이었다.

그래서 역대의 시아파 지도자들은 제 명에 죽지 못했다. 시아파 맹주인 이란에서 법정 공휴일의 대다수가 순교자를 기리는 '슬픈 휴일'이다. 탄신일은 평일이지만, 순교일은 공휴일이다.

순교일을 갖고 있는 순교자는 기념일 순으로 파테메_{무함마드의 외동딸로서 이맘 알리의 부인}, 호메이니_{이란 이슬람 공화국의 국부}, 알리_{제1대 이맘}, 자파르 사데그_{제6대 이맘}, 무함마드_{이슬람교 창시자}, 레자_{제8대 이맘}, 후세인_{제3대 이맘} 등 7명이다.

이에 비해 탄신일이 공휴일인 인물은 3명으로 이맘 알리, 이맘 메흐디_{시아파의 메시아}, 무함마드다. 특히 후세인과 관련한 공휴일은 3일인데, 그의 부상일과 사망일 그리고 사망 40일을 기념한다.

이런 슬픔 때문에 일년 내내 검은 옷과 검은 천과 검은 포스터가 이란을 지배한다. 국가 전체가 일년 내내 국장國葬이 진행되는 초상집이다.

외국인이라면 이란 말과 이란 숫자, 그리고 이란력으로 된 이란 달력에 '빨간 날'이 있다고 해서 놀러 나갔다간 낭패를 당할 수 있다. 그날이 '슬픈 공휴일'이면 모든 놀이시설이 멈추고 오락과 행락이 금지된다.

슬픈 공휴일 가운데 가장 대표적인 게 '아슈라시아파 이슬람의 원조인 후세인의 사망 애도일'다. 전국에 걸쳐 수백만 명의 이란 인이 검은 옷을 입고 검은 깃발 아래 모여 거리 행진을 하고, 더러 반미 시위를 병행한다. 현대 이란에서 미국은 과거 시아파의 씨를 말리려 했던 '대마왕' 수니파의 화신으로 취급된다. 끝없이 이어진 행렬 선두에 선 남성들은 웃통을 벗은 채 쇠사슬로 자신의 등을 때린다.

초등학교 남학생들도 종교 선생님의 구호에 맞춰 자기 가슴을 치거나"이맘 후세인을 지켜주지 못한 우리의 잘못입니다." 자기의 등을 때린다."정의를 지키다 학살당한 당신의 고통에 동참합니다." 혁명 직후 이라크의 침공으로 발발한 8년 전쟁 때, 소총 한 자루 든 채 전선에 나가 두려움 없이 순교를 선택한 소년들도 신앙심 깊은 아이들이었다. 테헤란의 골목과 거리마다 붙여 놓은 사진이 그때의 전사자들이다.

아슈라의 슬픔과 분노를 이해하지 못한다면 현대 이란을 이해할 수 없는 것이다. 시아파 무슬림에게 아슈라는 '살을 깎는 고행을 통해 종교적 단합과 결의를 다지게 해준 천 년의 버팀목'이다.

이란에서 이슬람 창시자 무함마드보다 더 많은 기념일을 갖고 있는 시아파의 원조 후세인은 누구인가.

사연인즉슨 이렇다. 시아 이슬람의 제1대 이맘 알리^{무함마드의 사위, 제4대 칼리프}가 암살당한다. 그의 장남 하산^{제2대 이맘} 역시 암살당한다. 이때 우마이야 왕조를 세운 무아위야는 자신이 정통 칼리프임을 선언하고, 그간 민주적인 방식으로 뽑았던 칼리프 자리를 아들에게 물려주었다.

즉 후세인은 예언자 무함마드의 혈통이었고, 혈통 승계 원칙을 주장한 시아파의 지도자^{이맘}였다. 하지만 세상은 왕국의 권력자가 종교 지도자를 겸하면서 왕자에게 지도자^{칼리프} 자리를 승계하는 수니파가 차지하고 있었다.

태양이 두 개일 수는 없는 법. 제3대 이맘 후세인^{제2대 이맘의 동생}은 칼리프를 응징하러 메카를 떠나 호랑이 굴로 들어갔다. 하지만 유프라테스 강 근처의 사막 지대 카르발라에서 칼리프의 군대에게 포위당했다.

전투 열흘째, 후세인과 그 추종자 등 100명은 밤 예배를 마친 후 결사항전을 하다 3만 명의 칼리프 군대에게 패배했다. 남자들은 참수되고, 여자들은 사로잡혔다. 후환을 없앤다는 이유로 후세인의 6개월 된 아기까지 남김없이 죽였다. 이맘의 머리는 칼리프에게 보내졌다. 칼리프는 후세인이 두 번 다시 쿠란을 낭송할 수 없도록 사체의 머리를 막대기로 사정없이 때렸다. 이맘이 묻힌 카르발라는 현재 시아파 최대의 순례지가 됐다.

후세인이 보여 주었다는 '정의와 진리에 대한 헌신과 용기', 그것이 시아파 이슬람의 사상과 윤리가 됐다.

시아파가 다수파의 박해를 이겨낸 힘은 '그날은 오리라'는 믿음 덕분이었다. 메시아12번째 이맘가 재림해서 선악을 심판하고 영원한 평화의 왕국을 만들어 주리라는 종말론적 세계관이 시아파 이슬람의 핵심 사상인 것이다. 이란이 40년 가까이 지구의 극강인 미국과 척지면서 현세의 극심한 고통을 견뎌 낸 것은 그런 '믿는 구석'이 있어서였다.

메시아가 오시면 천지가 개벽하리라. '그날'까지 임시로 메시아의 뜻을 가장 잘 아는 성직자들이 국가를 다스리는 '이슬람 법

혁명 전야의 테헤란. 성직자와 보수파, 그리고 민족주의적 성향을 지닌 광범위한 민중들이 '서구화=근대화'를 밀어붙인 팔레비 왕조에 저항했다. 이란 민중은 수만 명이 희생당하면서도 대규모 봉기 끝에 1979년 팔레비 왕조를 무너뜨렸다.

학자 통치론'벨리아테 파키이 이란 이슬람 공화국의 정체이자 국가 운영 시스템이다.

공화국의 국부 호메이니는 시아파의 역사와 문화를 혁명 전술 속에 적절히 녹여 냈다. 시아 이슬람의 1300년간의 슬픔을 '매일 매일 아슈라, 어디서나 카르발라'후세인 순교지라는 구호로 요약했다. 그의 지지자는 팔레비 왕조와 호메이니를 수니파와 시아파, 즉 불의와 정의, 박해자와 순교자의 관계로 묘사했다. 호메이니는 자기 자신을 그 후세인과 오버랩시켰다. 호메이니가 망명1964~1979 후 귀국할 때 많은 이들이 그것을 메시아의 재림에 견주었다.

시아파 신앙의 핵심인 '메시아이즘'을 이해시키려는 이란 지도부의 노력이 국제 사회에서 '문화 충격'을 주기도 한다. 다음은 연합뉴스 2012년 9월 27일자 기사의 요약.

"매년 유엔 총회에서 장황하고 기상천외한 연설로 세계 지도자들을 당황하게 한 이란의 아마디네자드 대통령이 올해도 기대를 저버리지 않았다.

아마디네자드는 26일 미국 뉴욕에서 열린 유엔 총회에서 기조 연설을 통해 35분간 연설했다. 그는 '세계는 패권 국가들에 의한 군비 확장 경쟁과 핵무기 및 대량 살상 무기 위협이 만연해 있다'고 주장하면서 '위대한 국가이란에 대한 미개한 시온주의자들의 군사적 위협이 계속되고 있는 것도 이런 끔찍한 현실을 보여 준

다'고 말했다. 그는 이스라엘을 '시오니스트' 혹은 '가짜fake 정권'
으로 지칭했다.

그는 또 구세주Ultimate Savior의 재림이 임박했다고 시사하는 등
종교적 색채도 가감없이 드러냈다. 그는 '구세주는 사람을 사랑
하는 분이며, 이맘 메흐디로 명명되신 분'이라면서 '이제 우리는
달콤한 봄의 향기를 맡고 영혼이 담긴 산들바람을 느낄 수 있을
것'이라고 말했다."

이란 대통령은 유엔 연설에서 인류가 함께 악미국과 이스라엘을
물리치고, 메시아의 재림을 준비하자고 제안했다. 남들이 보기
엔 '장황하고 기상천외한' 연설이었겠다. 하지만 그는 인류에 대
한 사랑을 담아 낸 지상 최대의 휴머니즘 운동을 제안한 것이었
다. 더 많은 인류의 구원을 희구하는 시아 무슬림의 절절하고도
진정성 넘치는 신앙 고백이었다. 다른 차원의 말을 주고받았을
뿐이다.

가면과 '쌩얼'

이란 이슬람 공화국은 서구의 자유주의와 민주주의 대신에 이
슬람적 가치와 이슬람 혁명의 대의를 국시國是이자 헌법 정신으
로 삼았다. 구성원 모두가 신의 섭리 속에서 성인군자가 되기를
희망한다.

이방인이 보기에는 국가 전체가 움베르토 에코의 소설 『장미의 이름』에 나오는 수도원 같다는 느낌이 들 때도 있다. 중세 수도원은 아리스토텔레스의 『희극』처럼 경건한 신앙 공동체에 '똥침'을 놓을 수 있는 '웃음'이라는 것에 대해 적대적이었다.

이란은 타락하고 퇴폐적인 서구의 쓰레기 문화를 원천봉쇄하고자 한다. 국가 인터넷을 따로 운영한다. 외부로 연결되는 인터넷은 사진 한 장 첨부하면 중간에 끊길 만큼 용량이 작고 속도가 느리다. SNS는 불법이고, 세상의 모든 블로그가 열리지 않는다. 이란에서 한국의 포털 '네이버'는 기력을 잃은 환자가 눈을 뜨듯이 천천히 열리지만, 포털 '다음'은 그나마 열리지도 않는다.

또한 이란 헌법에 따르면 오로지 정부만 방송국을 운영할 수 있다. 이는 민영 방송은 물론 위성을 통한 외국 방송의 수신과 시청이 다 불법임을 뜻한다. 이란 국영 방송은 2015년 현재 홈쇼핑 채널을 포함한 17개 채널을 운영하고 있지만, 스포츠 채널을 제외하면 그다지 시청자의 눈과 귀를 사로잡고 있는 것 같지 않다.

과거 〈대장금〉이나 〈주몽〉의 시청률이 90%에 육박했던 것은 당시 국영 방송 채널이 4개밖에 없었다는 점도 한 요인이었다. 나머지 3개 채널은 종교·뉴스·교육 채널이었다. TV를 보는 사람은 사실상 드라마·스포츠 채널을 고정시킨 채 살았다. 평소 TV를 보지 않은 사람들마저 끌어들인 힘은 한류 드라마의 재미 덕분이었겠다. 또한 한국의 사극은 대개 이슬람 복장 규정에 어

테헤란 시내 국립극장에 있는 조각상. '나는 누구인가'를
묻고 있는 듯하다. 고대 그리스를 포함한 동서고금의 많
은 연극에서 배우들은 가면페르소나을 쓰고 연기했을 것
이다.

굿나지 않아 과도한 검열과 가위질을 피할 수 있었다. 이란 시청
자들은 온전히 살아남은 외국 드라마를 즐길 수 있었다.

금주법을 시행하면 밀주의 시대가 오는 법. 외국 문화를 막으
면 밀수와 해적판이 뒤따른다. 할리우드 영화는 개봉 이튿날 이
란 어 자막이 깔린 CD나 DVD 등으로 길거리에서 '껌값'에 팔린
다. 이란은 국제 저작권 기구 미가입 국가라서 인세를 지불하지
않은 외국책들이 복사 용지값에 팔린다.

요즘 이란 인들은 아예 1,000개 채널을 볼 수 있는 접시형 위
성 안테나를 달고 산다. 한국의 KBS 월드와 아리랑 TV도 나온
다. 돈만 더 내면 서너 개의 '아랍 포르노' 채널도 시청할 수 있
다. 여자가 눈만 빼고 온몸을 검은 옷으로 뒤덮은 채 등장하는
데, 옷 벗는 시간도 아까워서 챠도르를 등 뒤로 올리고 섹스하는
화면이 24시간 나온다.

때때로 밥값을 하려는 풍속 경찰이 들이닥쳐 다가구 주택이
나 아파트의 옥상이나 벽에 있는 안테나를 떼어 간다. 시민들은
재수가 좀 없었다는 듯 아무렇지도 않게 다시 안테나를 사 온다.
따라서 테헤란에서는 자기 집에 초인종이 울렸다고 해서 공동
주택 대문을 열어 주었다가는 이웃들에게 원성을 살 수 있다.

이 모든 게 실정법 위반이고 국민의 태반이 잠재적 범죄자인
데, 국가는 법을 엄정하게 집행하지 못한다.

히잡도 마찬가지다. 1980년대만 해도 종교 경찰은 말을 타고

다니면서 복장 불량 여성을 채찍으로 때렸다고 한다. 지금은 경찰서로 데려가 엄포를 놓고 훈방 조치하는 수준인 모양이다. 가끔씩 일제 단속을 벌여 마네킹의 히잡이 벗겨진 가게에 보름간의 영업 정지를 내리는 식으로 공권력이 화풀이를 한다.

국가의 정체성을 지키려는 세력과 피로감을 느끼는 국민들 사이에서 하루하루 숨바꼭질이 벌어진다.

이란 문화 종교 지도부의 고위 관리에게 '이란은 외국인이 살기에 좀 불편한 나라'라고 솔직히 이야기한 적이 있었다. 그랬더니 "우린 다 하고 있는데 뭔 자유가 없다는 것이냐?"라고 답했다. 불법이긴 하지만, 실제로는 다 하고 있으므로 불편할 게 없다는 주장이다.

그리하여 이란은 겉으로는 깨끗이 살균된 청정 사회다. 심지어 이란에서 발행되는 너댓 종 영자 신문에 사회면과 오피니언론면이 없다. 이란 밖 세상에 대해서는 현미경을 들이대 어두운 구석을 찾아내고 국제면에 대서특필하지만, 스스로를 돌아보는 기사는 없다.

폐간과 투옥을 각오한 언론인이 매우 드물게 이란 내부를 직시하는 칼럼을 싣기도 한다. 그런 글은 '기-승-전-남탓'이라는 자기 방어적인 구조를 갖고 있다. '적들의 문화 침투'를 욕하는 방식으로 '이란병'을 진단하는 것이다. 나름 희귀한 칼럼이라서 스크랩을 해둔 게 있었다.

"이란 사회는 아노미, 즉 사회 규범의 해이와 혼돈으로 고통받고 있다. 시민들의 문화적 관습과 가치의 손상, 그리고 아노미 현상은 이혼, 강간, 살인 등 증가하는 사회적 돌림병의 주요 이유다. 신뢰와 이념의 전반적인 해이까지 번져 있다. 국가 정체성과 문화적 유산도 사회적으로 충분히 주목받고 있지 못하는 바, 외부로부터의 공격이 한몫했다.

이란은 점차 정체성을 상실하고 개인주의로 치닫고 있다. 자제력은 사회적으로 존재하지 않고, 가치의 존중 또한 없다. 이것이 사회적 재앙과 범죄 증가의 원인이다. 정부 탓도 크다. 문화적·이데올로기적 작업이 없다. 우리 사회가 외국 문화에 의해 무너져 내리고 있다."

테헤란의 낮과 밤

"혁명 전에는 밖에서 술 마시고 집에 들어와서 기도했다면, 혁명 후에는 밖에서 기도하고 집에서 술 마신다."

이란 사회의 위선과 이중성에 대해 삐딱한 젊은이들은 이렇게 요약한다. 이란은 혁명 이후 '광장'에서는 가면페르소나을 쓰고 연기하다가, '밀실'로 돌아와 '쌩얼'을 드러낸다는 것이다.

테헤란은 이란에서 그중 개방적인 도시이므로 '두 얼굴의 이란'이 극명하게 드러나는 곳이다. 성과 속, 선과 악, 전통과 현대,

부자와 빈자가 함께 뒤엉킨 이완된 도시다.

테헤란에서 자동차로 약 1시간 걸리는 혁명의 성지 콤과 비교하면, 테헤란의 타락이 명암 대비처럼 선명해진다. "테헤란은 이란이 아니다."라는 말이 있을 정도다.

국부 호메이니가 살았던 콤신학교의 도시이자 혁명의 성지에서는 모든 여성의 뒷모습이 다 펭귄이다. 예외없이 머리에서 발끝까지 검정색 천을 둘렀다.

호메이니가 살았던 집을 방문했을 때였다. 한 여성 방문객이 사무실에 앉아 있던 어느 성직자머리에 '뚜껑'을 쓰고 있는 남성에게 질문을 했다. 성직자가 고개를 드는가 싶었는데, 동시에 그의 눈동자 초점이 마치 '눈뜬 장님'마냥 흐려졌다. 그의 고개가 타조처럼 돌아간다면 그는 목소리 반대 방향으로 고개를 돌렸을 것이다. 여자를 시야 밖에 두는 것도 모자라 눈의 초점까지 지워 버리는 것이었다.

남녀칠세부동석의 원칙 때문에 대통령이 탄핵을 당할 뻔한 일도 있었다. 2013년 당시 아마디네자드 대통령은 '절친'이던 베네수엘라 대통령 차베스의 장례식에 갔다. 조문을 마치고 망자의 어머니를 위로하면서 껴안았다. 엄밀하게 말하면 망자의 어머니가 이란 대통령에게 살짝 기댄 것에 가깝다. 이란이 뒤집어졌다.

"노소를 불문하고 어떤 상황에서도 친척이 아닌 여자를 만지는 것은 허용되지 않는다. 껴안거나 감정을 표현하는 것은 이란

이슬람 공화국 대통령의 품위에 부적합하다."

아마디네자드의 극우적 행보에 반대해 온 중도 개혁파는 "국민에게는 가혹하게 풍속 단속을 하면서 왜 당신은 더 심한 짓을 하느냐?"며 대통령의 이율배반적인 행위를 비판했다.

이에 대해 당시 부통령이던 성직자는 "두 사람이 껴안은 적이 없었으며, 사진이 조작되었다."고 해명했다.

아들을 잃은 친구 어머니를 위로하다 벌어진 가벼운 신체적 접촉을 '사진 조작'이라고 거짓말을 해서라도 전면 부인해야 정치적으로 살아남을 수 있는 것이다.

실제 스웨덴에서 열린 시 문학 관련 행사에 참석한 이란의 남녀 시인이 참가자들과 악수를 했다는 이유로 이란에서 각각 99대의 태형을 맞았다.

그러나 테헤란의 밤 문화는 공식적인 낮 풍경에 비한다면 말세에 가깝다. 곳곳에서 밤새도록 파티가 벌어진다. 공권력은 광장에 젊은이가 서너 명만 모여도 해산시키지만, 밀실에서는 온 동네가 떠나가도록 음악을 틀어 놔도 별로 관여하지 않는다.

테헤란의 밤은 그들의 종교가 하지 말라고 계시한 '재미있는 것들'을 하는 시간이다. "믿는 자들이여, 술과 도박과 우상숭배와 점술은 사탄이 행하는 불결한 것이다. 그것들을 피하면 너희가 번성하리라."(제5장 90절)

'파티녀'들은 건물로 들어서면서 먼저 히잡을 벗는다. 그녀들은 샴푸의 요정처럼 긴 머리카락을 휘날리며 걷는다. 이어 두어 바퀴 도는데, 원더우먼처럼 거의 수영복 차림이 된다. 한국에서는 찾기 힘든 원색과 형형색색의 속옷들을 입었다.

파티장은 나이트클럽 수준이다. 밴드와 디제이를 부르고, 확성기와 사이키델릭을 설치한다. 바텐더는 양주나 밀주를 내놓는다. 비키니 입은 아가씨들이 소리를 지르며 디스코를 춘다. 자정이 넘도록 지진이 난 것처럼 아파트가 진동하고, 남녀의 괴성과 음악 소리가 동네에 울려퍼지는 데도 주민의 신고나 경찰의 단속이 없다.

테헤란에 국립 알코올 중독 치료 센터가 있으니 하루라도 술 없이는 살 수 없는 사람이 꽤 되는 듯하고, 마음만 먹으면 술을 언제 어디서든 구할 수도 있는 것 같다. 사람 사는 세상에서 금주령이 성공한 적이 있었을까.

'야타'와 마약의 경우

공권력이 졸고 있는 한밤중에서 새벽 사이 부자 동네에는 포르쉐, 메르세데스 벤츠를 포함한 스포츠카들이 줄지어 멈춘다. 다른 상점들은 자정 이전에 모두 문을 닫게 돼 있으나 부촌의 '해방구'는 자정부터 이른 새벽까지가 대목이다. 가슴 근육이 돋보이는 옷을 입고 힙합 가수의 헤어스타일을 한 젊은 남자들이 어

이맘 호메이니 국제 공항에 있는 'BBQ 치킨집'. 테헤란 거리에서는 전 세계의 주요 브랜드 숍들을 만날 수 있으나, 정식 가맹점 계약을 맺고 장사하는 것인지는 모르겠다.

슬렁거린다.

바늘 가는 곳에 실 간다. 6인치 하이힐, 보톡스 주사를 맞은 피부, 형형색색의 네일아트로 치장한 젊은 여성들이 모인다. 약간의 긴장감이 돈다. 우리의 '야타'를 그들은 '도루도루'라고 일컫는 것 같다.

테헤란 북부 중심가에는 '원 나잇 스탠드'를 하기 위해 남녀들이 삼삼오오 모이는 카페나 레스토랑, 공원과 산자락들이 꽤 있다. 경찰들이 눈감아 주고 뇌물을 받는다는 소문도 있다. 파티장을 돌아다니며 뇌물을 받는 '이란 버전의 두 캅스' 영화가 인기를 끌었다고 한다.

'쓰레기는 쓰레기통에'. 테헤란 북부 카스피 해의 한 관광지 담벼락에 붙어 있는 포스터가 찢겨진 채 펄럭이고 있다.

일부 젊은이들의 탈선 사례이긴 하겠지만, 그 '일부'라는 게 대단한 성직자나 공직자 집안의 귀공자분들이라서 '섹파'에게 핸들을 맡겼다가 대형 교통사고가 나면 아무리 덮으려 해도 금세 소문이 퍼진다.

이란은 인구 8천만 명 중 220만 명이 마약 중독자인 마약 대국이기도 하다. 아파트 1개층에 1명씩의 마약쟁이가 살고 있는 셈이다. 담뱃값보다 싸다는 크리스탈 메스(crystal meth, 이란 말로 '쉬세'가 중·고교 학생들 사이에서 유행이다. 공원에 가면 이른 저녁부터 황홀경에 빠져 있는 젊은이들이 쉽게 눈에 띈다.

이란은 한해 약 500명의 마약범을 사형시키고 압수한 마약을

이란의 어느 유원지를 가든 우리의 불꽃놀이 축제 뒷자리나 여름철 해운
대 모래사장 같은 쓰레기장이 펼쳐진다.

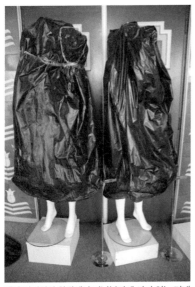

패션 전시회장 한켠에서 비닐봉지에 싸여 있는 마네
킹. 이란에서는 마네킹이 히잡을 쓰지 않아도 상점
들이 보름간 영업 정지를 당하기도 한다.

불태우면서 마약과의 전쟁을 벌이지만, 미래를 포기하고 희망을 잃은 젊은이들은 자신감과 원기를 주는 마약에 기대고 있는 것이다.

그래서 테헤란의 밤에는 두 개의 상반된 기질, 급작스런 환희와 절망이 교차한다. 젊은이들에게 이제 마약은 '자유주의'의 표상인 듯하다. 그들에게 마약은 개성독자성의 표현이자 탈종교의 증거다. 차도남의 '출구 없는 삶' '따분한 인생'의 반려자가 되고 있다.

밤 늦게 택시를 탄 적이 있었다. 젊은 기사는 모차르트처럼 발작적으로 웃으면서 가속도를 냈다. '제발 천천히 가자'고 하소연했다. 기사는 깔깔대면서 '당신은 겁쟁이'라고 놀리면서 더 속도를 냈다.

비동시성의 동시성?

21세기에 7세기의 유토피아를 구현하려는 모험은 '비동시성의 동시성'이 초래하는 불협화음 속에서 진행된다.

들끓는 욕망 속에서 하루하루 살아가는 장삼이사에게는 사회 전체가 비현실적인 잣대로 삶을 마구 재단하는 프로크루스테스의 침대 같을 것이다.

이슬람 정신을 문자적으로 수호하려는 보수 세력과 다소 유연

테헤란 주재 유럽 기업 간부의 집에서 즐거운 한때를 보내는 국제 학교 소녀들. '물에 대한 로망' 때문인지 테헤란 북부에는 수영장이 있는 아파트와 단독주택이 많다.

하게 해석하려는 중도개혁 세력 사이의 갈등이 필연적이다. 두 세력의 알력이 일상 속에서는 문화 전쟁 같은 양상으로 드러난다.

히잡을 둘러싼 숨바꼭질이 단적인 사례다. 이란 여성은 학교와 관공서 등 공공장소에서 머리카락을 완전히 가리는 '마그나에'를 쓰고 온몸을 가리는 '차도르'를 입는다. 그러나 테헤란 거리에서 보게 되는 젊은 여성들은 대개 히잡을 썼다는 최소한의 시늉을 내기 위해 뒷머리를 말아 올린 뒤 베일을 살짝 걸친다.

이란 보수파들은 여성들의 반발을 의식해 엄정한 법 집행 대신 분풀이 또는 견제구 같은 간헐적인 단속을 벌일 뿐이다. 7세기 법이 21세기 현실을 따라잡지 못하는 문화지체 속에서 법 집행의 원칙과 일관성이 사라져 법이 조롱받는 것이다.

정체성의 혼돈이랄까, 아노미 현상이랄까. 테헤란대의 엘리트 청년에게 '이슬람 국가가 이래도 되냐'라고 물으면 괴로워한다.

"안 되죠. 그냥 외국에 가서 살고 싶어요."

이란은 두뇌 유출이 가장 많은 나라다. 젊은이들은 외국에 나가려 하고, 한 번 나가면 돌아오지 않으려 한다. 아마 우리나라 입국자 대비 불법체류자 비율이 가장 높은 나라의 하나가 이란일 것이다.

사족 한 마디. 자살율이 세계 최고인 '헬조선' 사람이 이란을 비꼬자는 게 아니다. 사람 사는 곳이면 낮과 밤이 다 다르다. 다만 질문을 하나 던져 본 것이다. 종교와 이데올로기와 혁명이 인간을 구원할 수 있을까.

10

테헤란 *Teheran* 2
: 테헤란의 낮과 밤

테헤란 약사

테헤란에서 열리는 국제 회의에 참석한 중동의 대표단은 대개 "아름다운 테헤란에 초대해 주셔서 감사합니다."라는 인사말을 잊지 않는다. 그 '아름다움'이란 도시가 꽤 푸르다는 뜻이다.

실제 테헤란은 중동 지역에서는 녹지가 많은 편에 속한다. 5월 중순부터 반 년간 비가 거의 오지 않는 건기인데도 그렇다. 테헤란을 병풍처럼 감싸고 있는 알보르즈 산맥의 만년설 덕분이다. 겨우 내내 쌓인 눈이 천천히 녹아 지하로 스며든다. 그 지하수를 끌어 올려 인공 수로로 흘려 보내고, 수로 중간중간에 나무를 심는 것이다.

부잣집은 우물을 파거나 모터로 지하수를 끌어올려 집 안에 정원과 수영장을 만든다. 테헤란 북쪽 부자 마을에서는 헤프게 세차를 하거나, 하루에도 두어 번씩 마당을 물 청소하는 모습이 흔하다.

테헤란은 1220년 몽골 족의 침략 때 피난민들이 모여들어 도시가 만들어졌다고 한다. 사파비 왕조는 테헤란을 휴양지로 삼아 궁전과 정원, 실크로드를 왕래하는 낙타 대상들의 숙소와 시

274

장을 만들었다. 1789년 카자르 왕조의 수도가 되었다.

20세기 초에 인구 25만 명이었으나, 현재 1,500만 명이 살고 있다. 집값, 교통 체증, 대기 오염 등 삶의 질이 말이 아니다. 국회에서 수도 이전에 관한 논의를 하고 있어, 십수 년 후에는 이란의 수도가 바뀔 수도 있다.

테헤란은 서울의 강남북보다 더 '분단'된 도시이다. 북쪽 산으로 올라갈수록 부촌이다. 팔레비 왕 가족들이 살던 곳은 북쪽 끝이다. 남쪽 구 도심 밑으로는 빈자들이 산다. 빈부 격차가 서울 강남북의 그것보다 훨씬 크다.

테헤란 구경을 어찌 하면 좋을까. 이맘 호메이니 국제 공항에 내려서 테헤란 북쪽에 자리한 숙소에 이르기까지 약 1시간 30분 여정에서 보고 느끼게 될 것을 순서대로 짚어 보자.

대기 오염

예민한 사람들이라면 공항을 빠져 나와 첫 숨을 들이키는 순간부터 대기의 질을 눈치챌 수 있다. 차를 타고 도심으로 들어서면 어지럼증 내지 구토 증세가 생기기도 한다. 값싼 기름에서 나오는 매연이 높은 산에 둘러싸인 테헤란 분지에 축적되면서 밀도를 더하는 탓이다. 대중교통이 미비한 탓에 나 홀로 승용차나 오토바이를 타고 다니는 시민들이 많다.

매년 겨울마다 극심한 대기 오염이 반복되면서 휴교령이나 임시 공휴일이 생긴다. 세계보건기구WHO에 따르면, 이란의 공기 질은 '건강에 해로움' 수준이며, 테헤란 일부 지역은 180까지 치솟는다. 2012년 대기 오염으로 인한 이란의 조기 사망자 수는 8만 명테헤란 4,500명이었다. 우리나라도 미세먼지 농도가 OECD 국가 중 최악인데, 테헤란은 한술 더 뜬다는 느낌이 든다.

2013년 이후 여러 대책을 내놓으면서 차츰 좋아지고는 있지만, 바람이 불지 않는 겨울이면 나쁜 공기가 주는 고통을 감수해야 한다.

교통 지옥

도심으로 들어서면서 교통 체증과 함께 난폭한 곡예 운전을 경험하게 된다. 전쟁이나 호환 또는 마마보다 무서운 게 있다면 미국의 총기 사고, 한국의 자살, 그리고 이란의 교통사고다.

이란에서 한해 교통사고 사망자 수는 2만 5천~3만 명이다. 이라크와의 8년 전쟁1980~1987 때 이란의 전사자순교자는 약 18만 명이었다. 이란에서는 운전이 전쟁이고, 자동차가 총알이다.

테헤란의 교통은 지옥이다. 만인 대 만인의 투쟁이어서 적이 특정된 전쟁보다 심한 스트레스를 준다. 혼돈 속에서는 그나마 함수라도 찾아낼 수 있지만, 지옥은 예상이나 예측을 불허하는

테헤란 북부 토찰 산 등산로 입구에 주차된 자동차. 오래되고 찌그러진 차들은 대기 오염과 난폭 운전의 주요한 원인이다.

무질서 자체이다.

내가 본 지옥, 내가 미리 가 본 지옥의 모습은 그것이었다. 서로가 서로에게 가해자라서 모두가 고통스런 피해자였다.

외국인은 대개 현지인 기사를 고용한다. 어떤 한국인은 자동차 뒷자리에 베개를 갖다 놓았다. 창밖을 내다보면 깻잎 한 장 차이로 스쳐 지나가는 자동차 레이스를 보게 될까 봐 아예 누워 버리는 것이다.

운전자들은 스턴트맨들처럼 보인다. 치킨 게임의 대가들이기도 하다. 마음 약한 사람, 부딪쳤을 때 질 것 같은 사람이 먼저 피해 버리는 게 아스팔트 위의 질서다.

그들은 말 그대로 '불을 켜고' 달린다. 속도를 낮추거나 양보할

의사가 없으니 저 멀리에서부터 전조등을 번쩍거리며 길을 비키라는 경고를 보낸다. 주어진 상황에서 모두 최선을 다해 전속력을 낸다. 차 머리를 들이밀 빈틈이 생기면, 쇼트트랙 스케이터처럼 미끄러져 끼어 든다.

차선이 없는 경우가 많지만, 있더라도 차선을 지키지 않는다. 두 차선을 물고 다니면서 끊임없이 추월을 노린다. 추월할 때 깜빡이를 넣지 않는다. 앞차가 어느 방향으로 튈지 예상하기 어렵다.

출퇴근길에는 한 차선에 자동차가 두 줄씩 들어찬다. 휴일에 15분이면 갈 수 있는 길이 2시간 가까이 걸리기도 한다. 모든 차들이 옆차와 맞붙어 있다. 그 와중에 면도날 같은 틈이 생기면 양쪽 옆에서 두 대의 차가 서로 머리를 들이민다. 그래서 소심한 운전자는 인도 쪽 가장자리 차선을 탄다. 협공을 피해 왼쪽 차량에게만 시달리기 위해서다.

스턴트 운전이라고 해서 운전에만 고도로 집중하는 것도 아니다. 그들은 운전대를 잡으면 멀티 태스커가 된다. 보행자 가운데 휴대폰 통화를 하는 사람은 드물다. 운전자 가운데 휴대폰으로 뭔가를 하지 않는 사람 또한 드물다. 거기에 보태 담배를 피우거나, 틈틈이 매니큐어를 바른다.

운전을 포기하고 걸어다닌다 해서 문제가 해결되지 않는다. 횡단보도를 건너려 할 때 우선멈춤을 해주는 차량이 드물다. 횡단 타이밍을 찾아 우물쭈물하면 이란 인 동료가 한 마디 거든다.

"오늘 안에 길 못 건너요."

차간 거리가 벌어졌을 때를 기다리는 게 더 위험하다. 차간 거리를 좁히려는 뒷차가 더 빠른 속도로 달려오고 있을 것이기 때문이다. 이란 인들이 건널 때 뒤처지지 말고 바짝 붙어서 건너는 게 좋겠다. 아, 그러나 절대 다수의 이란 인은 횡단보도 대신 무단횡단을 선택하므로 그들에게 묻어 가는 것도 무섭다. 보행자에게는 도로가 주차장 상태일 때가 가장 안전하다.

그들은 죽음에 대한 공포가 없는 것일까. 생명과 안전에 대한 배려가 없다. 한 여성은 운전하면서 여러 가지 일을 동시에 하는 이유에 대해 "멋있어 보여서 그런다."고 대답해 주었다. 운전대 잡고 휴대폰 통화를 하면서 매니큐어를 칠하는 게 '간지 나는 일'로 여겨지는 모양이다. 타인의 시선을 과도하게 의식하는 사람들이다.

한 중년 여성은 "옛날엔 덜 그랬는데 갈수록 심해진다."고 했다. 쌓여 가는 불만과 짜증을 난폭 운전으로 해소하려 한다는 풀이였다. 어느 노인은 "옛날엔 안 그랬는데, 부모 잘 만나서 비싼 차를 끌고 다니는 요즘 아이들이 문제야."라고 답했다.

더 큰 문제는 스스로를 반성하지 않는다는 점이다. 그 노인이 운전하는 차를 타고 함께 관공서에 가는 길이었다. 그에게 '왜 많은 이란 인들이 공격적으로 운전하는지'를 물었다. '당신도 지금

과속에 곡예 운전을 하고 계시다'는 신호를 보낸 것이었다.

그는 "그러게 말이다. 요즘 애들이 문제다. 난 지금 안전하게 방어 운전을 하고 있다."라고 말하는 순간, 앞차가 무단 유턴하느라 갑자기 속도를 줄였고, 우리가 탄 차가 앞차 꽁무니를 박았다. 차 안에서도 '쿵' 소리가 제법 크게 들렸는데, 두 운전자는 서로에게 마구 욕하면서도 쿨하게 제 갈 길을 갔다.

테헤란에서는 어지간한 접촉 사고로는 차를 멈추지 않는다. 심하게 찌그러진 차도 개의치 않고 몰고 다닌다. '이미 버린 몸'이 치킨 게임에 유리하기 때문일까. 범퍼에 '기쓰'만 나도 목덜미를 움켜잡고 나오는 우리에 비해 참으로 통큰 사람들이다.

비웃지 말자. 한국 사교육의 광기와 비슷한 모양새다. 모두가 원치 않지만, 안 하면 나 혼자 바보될까 봐 모두 함께 고통스러워 한다. 한국과 이란이 서로 다른 장르의 지옥에서 살고 있는 것 같다.

보석 박물관

이제 구 도심에 들어섰다. 옛 궁전, 관공서, 바자르 그리고 대부분의 박물관들이 몰려 있다. 한나절만 시간을 내도 여러 군데 돌아볼 수 있다.

그러나 이란에서 일만 하고 귀국하는 출장객들이 적지 않다.

회사 돈이든 국가 예산이든 1백만 원이 훨씬 넘는 비행기를 타고 왔다가 황망히 떠난다.

출장자가 자신의 돈으로 휴가를 써서 하루라도 더 머물며 자유 시간을 갖는 게 장기적으로 회사나 국가에도 도움되지 않을까. 땀보다 영감이 더 필요한 시대인데, 우리는 '보이지 않는' 영감에 대해서는 평가가 박하다.

시간이 없다면, 보석 박물관을 추천한다. 우리의 한국은행격인 이란중앙은행 지하 수장고인데, 점심 식사 후 번개처럼 움직여 30분 정도면 둘러볼 수 있다.

그곳에는 사파비 왕조 때부터 사들였다가 약탈과 매도와 분실 등으로 털리고도 남아 있는 보석들이 '전시'라기보다는 아무렇게나 '나열'돼 있다.

세계에서 가장 큰 핑크 다이아몬드, 무게 2kg의 왕관과 1.52kg짜리 왕비관, 귀찮다는 듯 보석을 모래처럼 뿌려 댄 듯한 가구와 의자, 부인을 900명 두었다는 왕의 보석 침대…….

지구본은 대륙과 대양별로 서로 다른 보석을 한 가마니쯤 박아 넣은 듯한데, 한반도 부분만 떼어 내도 떼부자가 될 것만 같다. 방패, 우산과 양산, 야외용 접이식 의자, 황제가 타던 말이 파리를 쫓을 때 흔들던 꼬랑지의 띠도 보석 범벅이다. 표지 전체를 보석으로 장식한 시집은 세상에서 가장 비싼 책이 아닐지.

가장 인상적인 것은 오랫동안 빨지 않은 듯한 흰색 주름 천이었다. 가까이 들여다보니 좁쌀만 한 진주 수십만 개를 실로 꿰어 만든 커튼이었다. 그게 다 보석이라니 차라리 농담 같다. 너무 큰 보석은 가짜 같고, 너무 화려한 것은 장난 같다. 그 이상의 소개는 원작 감상을 방해하는 스포일러 같아서 예서 멈춘다. 다만, 보는 자의 눈이 반드시 설사할 것이다.

보석이 모래사장이나 돌무더기처럼 너무 흔해서 아무 값어치가 없는 자유재라고 느끼게 되는 곳. 진정한 보석이 무엇일까를 묻게 만드는 곳이 이곳 보석 박물관이다. 물론 돈오하되 점수하지 않는 우리네 중생은 보석 박물관을 나오면서 깨달음을 잊게 되지만 말이다.

카펫 박물관

이란에 머무는 동안 한 번쯤은 카펫을 살까 말까 망설일 것이다. 카펫 박물관에서 페르시아 카펫의 역사를 예습하는 게 안목을 높이는 지름길일 것이다.

카펫은 유목민들이 겨울과 일교차를 이겨내고자 바닥 깔개, 문 걸개, 벽 덮개 용도로 만들었다. 중세부터 과시적 소비와 부의 상징으로 변모했다. 유럽 왕실에서 호화로운 실내장식의 필수 품목으로 유행하면서 유럽 상인은 페르시아 카펫 수입에 열을 올렸다. 카펫은 환금성 높은 투자 대상이 되었다. 카펫이 유

카펫 박물관 입구의 신발 조형물. 신을 벗고 카펫에
오르듯이 조용히 조심스럽게 관람하라는 뜻일지.

목민의 텐트에서 권력자의 궁궐로 자리를 옮기면서 예술 작품의
반열에 올랐다.

중앙아시아에서 중동에 이르기까지 광범위한 지역에서 산출
되지만 그중 페르시아 산을 으뜸으로 쳤다. 알렉산더 대왕이 페
르시아를 멸망시킨 후 키루스 대왕의 무덤을 파괴하러 갔다가
일대의 카펫을 보고 그 수준에 놀라기도 했다.

최고의 전성기는 16세기 사파비 왕조 때였다. 압바스 왕은 수
도 이스파한에 제작소를 만들고 최고의 장인들을 고용했다. 17
세기 이후 더 고급스럽고 정교한 카펫이 국내외에서 비싸게 팔
려 나갔다.

가장 비싸게 팔린 것은 17세기에 제작된 것으로 2013년 소더
비 경매에서 3,380만 달러, 약 350억 원이었다. 좋은 카펫은 해

카펫 박물관 내 전시작. 떨어지는 물방울 같은 사이프러스삼나무 문양은 '이란 국가 대표 상징'의 하나다. 사이프러스는 페르시아 어로 불멸 또는 생명을 뜻한다. 페르세폴리스의 조공 행렬도에서 사이프러스는 각국 사신을 구분짓는 칸막이 역할을 한다.

카펫 제작에 필요한 직조기와 도구들.

를 거듭할수록 가격이 내려가는 중고품이 아니라, 해마다 값이
오르는 골동품 대접이다. 잘만 고르면 하늘을 나는 양탄자를 싼
값에 살 수도 있다.

'이거 커션에서 만든 싸구려 양탄자'라고 한눈에 알아보는 고
수를 동반하면 모를까, 관광객은 구경만 하는 게 상책이다. 어떤
것이 투자 가치가 있는 물건인지 아무리 봐도 모른다. 기계로 짰
는지, 손으로 한 땀 한 땀 짰는지, 짰다면 몇 수짜리인지, 비단인
지 양털인지 값싼 인조실인지.

좀 맘에 든다 싶으면 1,000달러를 훌쩍 넘어간다.

최근엔 사진을 파일로 주면 똑같은 그림이 새겨진 카펫을 150
불 안팎에 A3 크기로 제작해 준다.

"카펫은 위아래로 당긴 굵은 면화실 바탕천에 색색의 양털이나 실크로 한 땀 한 땀 매듭을 지어 만든다. ㎠당 매듭수가 제품의 등급을 매기는 일차 기준이 된다. 매듭수가 30~50개 정도면 중급, 50개 이상이면 상급품인데, 극상품은 그 수가 500개에 가깝다고도 한다. 숙련공은 하루에 1만 2천 개의 매듭을 짠다. 2m 이하면 카펫이 아니라 러그rug로 분류하므로 제일 작은 카펫이라고 볼 수 있는 가로세로 2m 카펫의 경우 ㎠당 50개 매듭으로 짠다고 하면 꼬박 166일이 걸리는 고된 작업이다."

카펫은 예술보다 노동에 가깝다고 느껴진다. 카펫을 보면 그걸 짜느라 시력이 침침해지고, 허리가 굽으며, 손가락에서 쥐가 났을 직조공이 떠오르기 때문이다.

페르시아 카펫이 예전같지 않다고 한다. 가난한 이웃 나라에서 더 싼 카펫을 기계로 대량 생산하는 데다, 이란에서는 고가의 수제 명품을 만들어 낼 젊은 장인이 사라지고 있기 때문이라고 한다.

이란의 카펫 직조공은 120만 명, 관련 종사자는 최대 8백만 명으로 추산된다. 이란 사람 10명 중 하나는 카펫으로 먹고산다. 실제 이란 카펫은 지하자원 다음으로 비중이 큰 수출품으로, 이란산이 전 세계 수제 카펫 시장의 30%를 차지한다. 경제 제재 이전에 카펫 수출액은 한 해 7억 달러대미 수출 5억 달러였다.

　우리나라 국립 박물관 유물의 제작년도가 100년 단위의 '세기'로 표기된다면, 이란 국립 박물관의 그것은 '0'이 하나 더 붙은 1000년 단위의 '밀레니엄'으로 붙어 있다. 기원전 다섯 번째 5th 밀레니엄에 만든 컵, 양념통, 숟가락, 포크 따위가 지금과 비슷한 크기와 모양을 지녔다.

　유명한 전시품의 하나가 일명 '소금 인간'이다. 소금 사막에서 발굴된 3~4세기 광부인데, 가죽 부츠와 도구는 물론 흰 머리칼과 수염까지 잘 보존돼 있다.

　초가 잔빌 지구라트에서 가져온 실물 크기의 황소 도자기상, 페르세폴리스 궁에서 발굴한 각종 부조와 비문 등이 볼 만하다.

테헤란 국립 박물관에 전시된 초대형 그릇. 대개의 전시물들은 제작 연대가 세기100년 단위가 아닌 밀레니엄1,000년 단위로 표기되고 있다.

국립 박물관에 전시된 3~4세기 광부의 모습. 소금 사막에서 발굴돼 형체가 그대로 보존돼 있다.(왼쪽) 국립 박물관 입구에 세워진 함무라비 법전 모형. 진품은 기원전 18세기 바빌로니아가 만들었으나, 기원전 12세기 엘람 왕국이 전리품으로 가져갔고, 20세기 초 프랑스로 넘어가 현재 루브르 박물관에 있다.(오른쪽)

안타깝지만 이곳에 전시된 키루스 실린더와 함무라비 법전은 복제품이다. 진품은 각각 영국과 프랑스에 있다.

더 안타까운 건 전시나 진열에 대한 감각 없이 내놓은 소장품들이다. 또한 대여섯 번 방문했지만 매번 공사중이어서 어수선했고, 박물관 전체를 둘러본 적이 없다.

과연 이란 이슬람 공화국은 이슬람 이전의 페르시아 역사를 홀대하는가 싶은 의심이 솟구치는 것이다. 실제 이란의 역사 교과서는 아담과 이브의 탄생에서 시작하는데, 페르시아 제국의 역사는 아주 짧고 건조하며 '객관적으로' 서술하고 있다고 한다.

바자르

이란에서는 성속聖俗이 하나라는 듯 바자르는 모스크 옆에 있다. 바자르는 시장일 뿐 아니라 여론의 광장인 '아고라'이기도 하다. 대규모 민족주의 운동이었던 1891년 담배 불매 운동은 성직자와 바자르 상인이 힘을 합쳐 일궈 낸 역사적 사건이었다. 이 운동은 1906년 입헌혁명중동 최초 근대화 혁명의 밑거름이었다.

테헤란의 바자르 상인들은 1951~1953년 석유 국유화 정책을 편 모사데크 수상을 지지해 왕을 축출했으며, 1979년 이슬람 혁명 때도 봉기의 선봉에 섰다. 바자르 상인은 민심이 어디에 있는지를 가르쳐 주는 표지판이었고, 그들이 파업을 벌이면 국가 경제가 휘청거릴 만큼 영향력도 컸다.

그러나 '투표보다 개표가 더 중요했다'는 2009년 대통령 선거 결과에 항의하는 대규모 시위 때 바자르 상인은 참여하지 않았다. 상인들이 성직자 편이어서 그랬을까. 세월이 흘러 바자르 상인들은 이제 소상공인으로 몰락했다. 발언권이 현저히 약해져 대세에 큰 영향을 끼치지 못하는 집단이 됐다고도 한다.

테헤란 바자르는 중동 최대 재래시장 중 하나로, 한 번 들어가면 빠져나오기 어려운 10㎞의 미로다. 시간이 충분하지 않다면 카펫이면 카펫, 귀금속이면 귀금속, 이렇게 품목을 정해 놓고 한 구역만 둘러보는 게 낫겠다.

재래시장이지만 외국인에게는 정부 직영 기념품 가게와 가격대가 비슷하다. 시장의 활력을 좋아하거나 흥정 자체에 흥미가 있다면 모를까, 바삐 선물을 하나 고르려면 정가표가 붙어 있는 정부 판매점이 마음 편하다. 우리나라 관광객에게는 터키석, 공예품, 견과류가 인기 있다. 견과류는 짠 것들이 많으니 이것저것 다 먹어 보고 포장해 달라고 한다.

카펫에 그려진 바자르의 모습. 이란의 바자르는 시장일 뿐 아니라 여론의 광장이었다. 시장 상인들이 철시를 할 때마다 정권이 휘청거렸으나, 21세기 들어 정치적·경제적 영향력이 현저히 감소했다.

테헤란 북쪽을 병풍처럼 둘러싼 토찰 산에서는 첫눈 내리는 11월부터 이듬해 늦봄까지 거의 반 년간 스키를 즐길 수 있다. 산정山頂의 만년설이 겨울엔 페르시아 제국처럼 천하를 뒤덮었다가 여름엔 빨치산처럼 퇴각하는 것이다.

사막 기후로만 알고 있는 이란에서 스키를 탄다면 추억이 될 만하다. 산꼭대기에서 폐를 정화시키고 몸에 묻은 대기 오염 물질을 털어 낼 기회이기도 하다. 테헤란 북부 지역의 숙소에서 반 시간쯤 걸리는 '토찰 레크리에이션 · 스포츠 콤플렉스'라는 복합 레포츠 단지에 가서 옷과 장비를 빌리고, 리프트 이용료에 해당하는 텔레캐빈케이블카 티켓을 산다.

케이블카 종점인 제7정거장3,680m까지는 등산로 기준으로 약 17km 거리인데, 초속 4m 속도로 약 35분 걸린다. 처음 케이블카를 타면 롤러코스터의 현기증이 몰려올 것이다. 케이블이 끊어져 밑으로 추락할 것 같은 두려움 때문이다. 발밑에 안전 그물이 없다는 점이 공포를 배가시킨다. 케이블카가 추락해 나무가 없는 바위산을 시시포스의 바위처럼 출발 지점까지 굴러 떨어지면 어쩌나 하는 방정맞은 생각을 한 번쯤 하게 된다.

그러나 1974년 케이블카가 개통된 이후 지금껏 별다른 사고가 없었을 뿐더러, 이상 징후가 발견되면 자동적으로 멈추기 때문

토요일이슬람 국가의 월요일에 해당 오전의 토찰 산 스키장 전경. 테헤란 북부에 있는 아자디 호텔에서 택시로 20분이면 스키장 초입의 케이블카 타는 곳에 도착한다.

에 안전하다고 한다.

케이블카 종점에서 수십 보 오르면 천연 스키장이 펼쳐진다. 슬로프 밑으로 알프스 산장 같은 3층짜리 목조 건물 한 채가 있다. 이란에서 가장 높은 곳에 자리한 호텔이다.

슬로프는 두 개가 있다. 제7정거장과 호텔을 왕복하는 초급 코스와 토찰 산 최고봉 3,965m 지점까지 이어진 중급 코스가 그들이다.

호텔에서 자면 1박 2일 스키를 즐길 수 있다. 숙박비에는 케이블카 왕복권이 포함돼 있는데, 댓 명 정도가 스위트룸을 빌리면 케이블카 비용으로 숙박을 해결하는 느낌이 들 만한 가격이다.

호텔에 도착하면 체크인을 한 뒤 의무실로 가야 한다. 의사가 혈압 등을 체크한다. 고소증을 견딜 만한 손님인지를 판단하는 모양이다. 의사가 허락해야 투숙할 수 있다는 게 토찰 호텔의 위엄이다.

난방은 잘 돼 있지만, 입실 즉시 난방 상태를 확인해서 문제가 있으면 빨리 방을 바꾸자. 산속에서 날밤은 기나길다.

밤이 되면 고소증 때문에 멍하거나 땡한 두통이 생길 수 있다. 일단 잠들면 고통을 잊게 된다. 잠을 이루지 못할 만큼 호흡이 곤란해지면, 한 지붕 아래에서 잠자고 있을 의사에게 산소 호흡기를 달라고 한다.

호텔은 주말인 목요일 밤에 미어지고, 스키장은 이슬람 국가의 휴일인 금요일 낮에 미터진다. 금요일 밤에 투숙하면 호텔 전체를 독차지하고, 토요일 오전에 황제 스키를 즐길 수 있다.

호텔에 손님이 없더라도 무섭지는 않다. 이 국영 호텔에는 식당 · 찻집 · 리셉션 · 의무실 · 보안 등을 담당하는 10여 명의 (준) 공무원이 상시 근무 중이다.

산꼭대기이지만 물과 전기는 끄떡없다. 만년설은 테헤란의 상수원이다. 전기 역시 송전탑과 비상용 발전기가 있어 단전 때문에 고립되거나 하산을 못하는 경우는 없다.

그곳의 밤은 별들의 축제다. 북두칠성의 국자 손잡이가 앞산으로 떨어진다. 카시오페이아와 오리온이 방금 그리스 신화에 출연했다가 하늘로 튀어오른 듯하다. 별들은 불꽃놀이를 하고, 별똥은 한 획을 긋는다.

설산에서는 초승달조차 도심의 보름달보다 밝은 조명이다. 속세로 내려가는 하행 케이블 막차가 떠나고 나면 산속은 누구도 범접할 수 없는 극지이자 오지가 된다. 설산 전체를 독차지하는 것이다.

인구밀도가 제로에 가까운 미답지이자 처녀지. 밤새 잉잉대는 바람은 스키장의 인적人跡을 지워 버린다. 언덕 위로 걸어올라가서 하얀 눈 위에 한 줄 스노보드나 두 줄 스키의 '기쓰'를 내는 사치! 깔깔대며 미끄러져 내려오지만 봐 주는 사람이 없으면 그런 사치도 금세 시시해진다.

토요일 아침, 스키 리프트를 시범 운전하고 산 밑에서 손님을 실어오는 한두 시간 사이에 '황제 스키'가 완성된다. 리프트에는 투숙객 이외에 아무도 없다. 스키장을 전세낸 쾌감에 헛웃음이 나온다. 토요일 오전에 일부 스키어들이 올라오지만 사람 하나하나가 저만치 떨어져 있는 외로운 섬들이다.

가장 큰 변수는 산 정상의 일기다. 산 밑은 맑고 고요한데, 산 위는 지옥일 때가 있다. 아침에 아름다운 날씨를 확인하고 갔다가, 산정의 일기가 불순하다는 이유로 케이블카 운행이 취소되는 바람에 돌아와야 할 때도 있다. 산정의 날씨를 미리 확인할 방법은 따로 없다.

또한 케이블카를 타고 올라갈 때까지는 날씨가 멀쩡했는데, 정작 스키장에 올라갔더니 산 밑으로부터 눈보라가 쓸려 온다거나 먹장 구름이 밀려오는 바람에 오후 한두 시에 하산하는 경우도 생긴다. 사람들이 주섬주섬 짐을 챙기면, 눈치 빠른 외국인도 함께 짐을 챙겨야 한다.

이러저런 이유로 토찰 산의 황제 스키는 아무나 아무 때나 즐길 수 있는 게 아니다. 전생에 덕을 쌓은 자의 놀이다. 일기 불순으로 인해 케이블카 운행이 취소될 확률이 40~50%쯤 된다. 이런 불확실성이 싫다면 테헤란에서 자동차로 두세 시간 거리에 있는 또 다른 스키장으로 가면 된다.

숙박을 한다면 고소증이 문제일 수 있다. 산을 타 봤다고 해서

고산 증세에 강한 것은 아니다. 에베레스트 산 트레킹에서 70대 부부도 베이스캠프가 있는 약 5,000m 고지까지 사이좋게 손잡고 오르는데, 머리 끝에서 발끝에서 최고가 등반 장비로 중무장한 젊은이가 해발 4,000m 지점에서 동료들에게 질질 끌려 내려가기도 한다.

토찰 호텔의 고도는 약 3,500m이지만, 고산증을 유발하기도 한다. 놀 때는 모르다가, 호텔 2층 객실로 가는 계단을 오르다 숨이 차고 스키 부츠가 무겁게 느껴질 수 있다. 그 고도에서 절반 이상은 고산 증세로부터 자유로운 것 같다. 느낌이 좋지 않으면 잠들어 버리면 된다.

겨울철 금요일 밤의 토찰 호텔을 추천한다. 서울로 치면 북한산에서 황제 스키를 타는 것인데 마다할 이유가 없다.

스키를 즐기는 사람들. 한국인과 이란 인이 섞여 있다. 이란의 휴일인 금요일이란의 일요일에 가면 매우 붐비지만, 테헤란 최고의 멋쟁이들을 만날 수 있다.

11

테헤란 *Teheran* 3

: 히잡과 스포츠

아파트 체력 단련실 풍경

이란은 조용하게 살기에는 참 좋은 나라다. Pray more, play less. 시간을 마약으로 변모시키는 재미있는 것들은 하지 말라고 한다.

다행인 것은 테헤란 북부의 아파트에는 대개 수영장과 운동 시설이 있다는 점이었다. 우리 가족은 한국에서도 운동을 즐기며 살았던 터라 좀 낡기는 했어도 넓은 지하실에 수영장, 헬스장, 배드민턴 네트, 탁구대 등속이 갖추어진 아파트를 골랐다.

무엇보다 그 8층짜리 아파트는 집주인이 외국인만 받아들이고 있었다. 덕분에 경비원이 아파트 출입구만 잘 지켜주면, 입주자들은 마치 두바이에서처럼 '자유로운' 생활을 즐길 수 있었다.

예컨대 입주자들은 아무 때나 운동 시설을 이용할 수 있었고, 심지어 남녀가 함께 수영을 즐기기도 했다. 다른 아파트에서는 요일별 또는 시간대 별로 남녀의 이용 시간을 다르게 정해 놓아 가족이 함께 운동하기도 어려운 것이다.

때로 남아공의 흑인 남녀들이 괴성을 질러 대며 물놀이를 했다. 중국인들은 더 큰 소리를 내며 탁구와 배드민턴을 쳤다. 프랑스의 어느 통신사 테헤란 특파원은 하루하루 전투를 하듯 무게를 들어올려 그가 떠난 자리는 땀으로 흥건했다. 러시아 무관 가족은 주로 수영을 즐겼다. 인형처럼 예쁜 꼬마 3남매가 구명조끼나 튜브도 없이 깊은 물에 뛰어들고 장난을 쳐도 러시아 부모들은 아주 쿨하고 태연했다. 그 아파트에 캠프를 차린 한국 중소기업의 주재원들은 바닥에 청테이프를 붙여 상설 족구 코트를 만들어 놓고 주말이면 밥 또는 청소 내기 경기를 했다. 테헤란에서 그 아파트는 외국인 입주자들에게 해방구였다.

우리 가족은 수영, 배드민턴, 탁구, 족구를 즐겼다. 스트레스를 하루하루 땀과 거친 호흡과 함께 덜어 낼 필요가 있었다. 하루 두어 시간의 단순 노동이 없다면 수도승이나 수도사들에게도 수행은 지속되기 어려울 것이었다.

나는 한국 문화 행사를 개최하느라 돈을 쓰는 게 본업인 갑 중의 갑이었는데도, 도대체 약속이라는 것을 잘 지키지 않는 을들 때문에 하루하루가 힘들었다. 아내는 외출하기 어려운 감옥살이 신세를 힘겨워했다. 사춘기를 맞은 아이들은 각각 독일 학교와 프랑스 학교를 다녔는데, 남는 시간을 주체하지 못하고 있었다.

아들 녀석은 이란의 느린 인터넷 속도 때문에 한국의 인터넷 강의를 들을 수 없었으나, 덕분에 게임 과몰입에서 벗어났다. 녀석은 학교에서 매일 축구를 했고, 그러고도 힘이 남아 아파트 지하에서 몸을 움직였다.

공기가 나쁜 테헤란, 공기가 더 나쁜 지하실에서 밤마다 '가족 운동회'를 열었던 절실함은 어디서 나온 것이었을까.

집 밖에서는 아내와 딸이 얼굴과 손을 제외한 신체 전체를 가리지 않는 한, 가족이 함께 운동을 즐길 수 없기 때문이었다. 여자끼리 배드민턴을 친다 해도 코트 하나가 아니라 체육관 전체를 전세 내고 남자들의 출입을 막아야 한다. 부부지간에 테니스를 치려면 외부에서 안을 들여다볼 수 없도록 벽과 지붕을 천막으로 뒤덮은 코트를 통째로 빌린 다음 안에서 문을 잠그는 것이다.

골프도 마찬가지였다. 한국에서 골프채 한 번 잡아 보지 않았던 4인 가족은 골프 장비 일습을 챙겨 이란으로 갔다. 명강사로 소문난 골퍼를 소개받아 온가족이 함께 레슨을 받았다. '스포츠 가족'은 골프가 영 재미없었다. 땀도 안 나고, 숨도 차지 않아서였다. '서서 하는 것 중에서 가장 재미있다'는데, 우리 가족과는 인연이 닿지 않았다. 노년에 즐기면 좋겠다고 생각했다.

어느 날 골프장 관계자가 다가오더니 "여성은 남성에게 지도받는 것이 금지돼 있다."고 경고했다. 아내와 딸아이가 히잡을 쓰고 긴 옷으로 팔다리도 다 가렸는데도 그랬다. 울고 싶은데 뺨 맞은 격이어서 우리 가족은 그날로 골프를 끊었다.

남녀칠세부동석의 분위기에서 기독교도인 아르메니아 여성 코치를 아파트 수영장으로 모셔 아들딸이 동네의 한국 학생들과 함께 수영 레슨을 받은 것은 금기를 위반했다는 쾌감이 보태져서 더욱 즐거운 추억으로 남아 있다.

스포츠의 남녀칠세부동석

이란의 여학교 담벼락은 물 샐 틈 없이 높고 튼튼하다. 여학생들이 여학교 운동장이나 체육관에서는 맘껏 뛰논다고 들었다. 페르시아 만에는 비록 허울뿐이지만 경제 자유 구역으로 지정된 섬키쉬 아일랜드이 하나 있는데, 그 섬의 여성 전용 해수욕장에서는 여성들의 반라半裸의 상태로 몸을 태운다고도 한다.

하지만 남녀가 함께 이용하는 공중 시설이라면 말이 달라진다. 주말에 공원을 산책하다 보면 배구나 탁구를 하는 여성들이 더러 있다. 땡볕 아래서 히잡을 쓰고 팔다리를 완전히 가린 운동복을 입고 있다.

옷 속의 온실효과로 몸에서 열불이 나고 있을 텐데, 웃음소리가 끊이지 않는다. 종교 지도자들이 여성의 스포츠 활동을 못마땅하게 여기는 이유가 그것일까. 웃음, 육체의 활력, 이런 게 신앙에 이롭지 않다고 보는 것 같다.

바로 옆 인조 잔디 구장에서는 남성들이 웃통을 벗은 채 반바지 차림으로 축구나 풋살을 한다. 온몸을 다 가리는 게 영혼에 좋은 거라면 왜 여자에게만 강요할까. 이런 질문은 그들의 문화

'남녀 유별'이 구현된 이란 전통 가옥의 대문. 남성 손님은 오른쪽의 둥근 문고리로, 여성은 왼쪽의 긴 문고리로 노크했다. 노크 소리에 따라 여성 손님은 안주인이나 딸들이 나와 문을 따주고 맞이했을 것이다.

와 정체성을 깔보는 외국인의 건방진 태도일까.

이란 여성은 '하는 스포츠' 말고 '보는 스포츠'에도 제약을 받는다. 1979년 혁명 이후 여성은 남성이 경기하는 장소에 들어갈 수 없다. 최근 성별이 달라도 선수의 가족과 친척은 관람을 허용하자는 움직임이 있었다. 하지만 보수파들이 '여자가 경기장에 입장하면 피를 보게 될 것'이라고 극렬 반대하는 바람에 '없던 일'이 됐다.

하물며 여성 무슬림이 국제 대회에 출전하는 것은 쉬운 일이 아니다. 원칙적으로는 (히잡을 쓰더라도) 모르는 남자 앞에 나서는 일 자체가 이슬람법에 의해 금지돼 있기 때문이다.

그러므로 히잡 쓰고 국제무대에 나선 무슬림 여성은 우리나라의 동계 올림픽 '국가 대표' 썰매 선수들처럼 그 하나 하나가 인생극장의 주인공들이다. '여자가 뭘 운동이냐'는 가족의 만류, '이슬람법에 어긋난다'는 종교적 유권해석, 정부와 기업의 무관심이라는 겹겹의 유리 천장을 돌파하고 스스로 돈까지 마련해서 꿈의 무대에 오른 사람들이다.

그녀들은 히잡의 희생자가 아니라 히잡 스포츠의 새로운 길을 여는 선구자들이다.

"그건 TV 중계가 아니라, 완전 라디오 중계였어요."

2012년 8월 테헤란대의 한 교수가 투덜거렸다. 전날 TV로 런던 올림픽 개막식을 봤는데, 화면은 거의 없이 아나운서의 말만 나왔다고 했다.

올림픽 개막식은 이란에서 전파를 타기 어려운 콘텐츠다. 외국 여성 선수들이 머리카락과 맨살을 드러내기 때문이다.

이란의 방송으로는 수영·다이빙·비치발리볼처럼 '남새스러운' 옷을 입는 일체의 수상水邊 종목도, 남녀 선수들이 '거시기한' 부분만 겨우 가리는 육상 종목도, 여성 선수들이 머리칼 휘날리는 구기 종목은 TV를 틀어도 화면 없이 라디오처럼 들어야 한다.

사실 고대 그리스의 올림픽은 금녀禁女의 축제이기는 했다. 기원전 776년 시작될 때부터 시민권을 가진 자유인만 참가했고, 노예·여성·외국인은 참가할 수 없었다. 남자 선수들은 벌거숭이 상태로 경기를 했다. 여성의 올림픽 관람은 허용되지 않았다.

고대 올림픽은 천 년 넘게 지속됐으나 기독교 국가가 된 로마 제국이 서기 393년 '이교도들의 축제'라는 이유로 없애 버렸다. 1896년 아테네에서 근대 올림픽이 부활했다. 여자 선수들은 두 번째 근대 올림픽인 1900년 파리 대회에서 골프·테니스 종목에 첫 출전했다.

2012년 런던 올림픽은 형식상 '남녀 평등' 올림픽이 완성된 대회였다. 그때 복싱을 마지막으로 여성이 모든 종목에 출전할 수 있게 됐고, 200여 개 참가국 모두가 단 한 명이라도 여성 선수를 출전시켰다.

참가 선수 1만여 명 중 여성이 약 40%를 차지했다. 사우디아라비아, 카타르, 브루나이 이상 이슬람 국가는 사상 처음으로 여자 선수를 내보냈다. 카타르는 내친 김에 여성을 선수단의 '얼굴 마담'으로 내세웠다. 물론 히잡 쓴 여성 선수들은 거의 다 예선 첫 경기에서 탈락하거나 패배했다.

테헤란의 한 패션쇼장에 걸려 있던 광고. 테니스 라켓이 아니라 통풍이 잘 되는 활동성 있는 옷을 광고하는 것 같다. 공원 등지의 노출된 장소에서 운동하는 여성은 차도르 대신 긴 팔 긴 다리의 운동복을 입는다.

올림픽이 시작된 지 2,800년, 여성 선수가 첫 출전한 지 112년 만에 외형상의 남녀 평등 올림픽이 구현됐다.

2016년 리우 올림픽에서도 이란의 검열은 지속됐다. 여자 체조경기를 중계하는데 맨살 부위를 다 검은색으로 칠해 놓았다. 컴퓨터 그래픽의 색칠 속도가 연속 동작의 속도를 따라잡지 못할 땐 검정칠 사이로 언뜻언뜻 살색이 노출됐다.

체조 선수의 몸이 보이지 않는 체조 경기 중계라니. 그걸 라디오가 아닌 컬러 TV로 방송에 내보내는 이유는 뭘까.

그러나 나는 히잡 스포츠를 반대한다

이슬람 근본주의자들은 여성의 육체적 활동을 싫어한다. 여성이 복장 규정을 완벽히 준수해도 뭇남성 앞에 노출된다는 이유만으로도 여성의 대회 출전을 달갑게 여기지 않는다.

국제 스포츠계 역시 히잡 스포츠를 반기지 않는다. 표면적인 이유는 히잡 스포츠가 건강과 안전에 불리하다는 것이다. 유도나 레슬링에서 조르거나 누르는 기술이 들어갈 때, 축구에서 몸싸움을 벌이다 어깨를 잡아챌 때 히잡이 있으면 정말 위험할 것 같기는 하다.

그러나 히잡 쓴 여성의 출전이 늘어나고 있다. '변형 히잡' 또는 '스포츠 히잡'으로 이슬람 복장 규정을 준수하면서 안전 문제

테헤란 주재 유럽 기업 간부의 저택 수영장에서 놀고 있는 국제 학교 소녀들. 이슬람 혁명 이전의 테헤란에서 흔한 장면이었을 것이다.

테헤란의 한 패션쇼장 뒤켠에서 진열을 기다리고 있는 마네킹들. 이런 복장이 이란의 여성 공무원과 여학생의 유니폼이자, 신앙심 깊은 여성들의 외출복이다. 반면 테헤란의 많은 젊은 여성은 뒷머리에 히잡을 살짝 걸치는 시늉만 내는 등 엄격한 복장 규정을 두고 공권력과 숨바꼭질을 벌인다.

도 해소했기 때문이다.

이집트에는 여성 비치 발리볼 국제 심판도 있다. 아랍에미리트에서는 이슬람권 최초의 여성 피겨 스케이터가 나타나 '히잡 쓴 얼음 공주'라는 별명을 얻었다. 리우 올림픽에서도 히잡 쓴 여성 선수들이 다수 출전했다. 태권도는 진즉부터 헤드기어 안에 히잡 착용을 허용한 '남녀 평등 스포츠'였으며, 이란의 여성 태권도 선수가 이란 역사상 처음으로 리우에서 올림픽 메달을 땄다.

히잡과 전신 운동복으로 중무장한 스포츠우먼은 더 많은 무슬림 여성에게 새로운 감각과 영감을 던져 줄 것 같다. 히잡 스포츠우먼들이 더 많이 더 자주 나타나기를 기대한다.

그러나 솔직히 말하자면, 나는 히잡 스포츠가 싫다. 내 느낌으로는 스포츠와 몸은 분리되지 않기 때문이다.

예컨대 도약과 중력의 평형 상태에서 공중에 누워 있는 찰라의 (장대)높이뛰기 선수가 보여 주는 그 몸과 포즈를 나는 사랑한다. 다이빙 종목에서 물 한 방울 튀기지 않는 완벽한 입수도 중요하겠지만, 그런 건 로봇이 더 잘할 수 있다. 도약대 끝에 걸친 발가락으로 몸의 균형을 유지하느라 미세하게 떠는 모습이 내 마음을 떨리게 한다.

짐승보다 더 짐승 같은 허벅지를 지닌 단거리 육상 선수, 패션 모델보다 아름다운 배구 선수, 미에 대한 새로운 기준을 주장하는 투포환 선수…….

말인즉슨, 나는 선수의 몸을 본다. 김연아 선수의 몸에 해녀복을 입혀 놓았다면 나는 그의 표정 연기를 이해하지 못했을 것이다.

또한 장미란 선수만큼 자기 자신을 완벽하게 '내려놓은' 사람을 본 적이 없다. 가늠할 수 없는 무게에 도전하는 순간, 도깨비처럼 시뻘겋게 일그러진 채 눈알이 튀어나올 것 같은 얼굴을 남들에게 보여 줄 수 있는 처녀는 세상에 없다. 그의 튼튼한 두 다리가 병들고 추운 어린 새처럼 후덜거릴 때 나는 숨쉬는 것조차 잊게 된다. 들어 올리기는 기중기가 더 잘한다.

여체만 아름다운 것은 아니다. 축구 선수의 대퇴사두근_{넓 대가리 모양의 허벅지 근육}을 보면, 수천만 년 전 사냥을 위해 초원을 달리던 시원_{始原}의 조상처럼 나 역시 그라운드에 나가 숨이 터지도록 달리고 싶은 것이다.

종교적 열정은 뇌의 주름 어딘가에 숨어 있는 것이다. 스포츠의 열정은 몸에 다져 넣는 것이다. 몸을 가린 스포츠는 종교에 가까울 것 같다.

이란의 여성 스포츠를 위한 짧은 변명

사우디아라비아가 여성을 올림픽 종목에 내보낸 것은 2012년 런던 올림픽 때가 처음이었다. 이란은 1964년 도쿄 올림픽 때부터 다소간 꾸준히 출전시켰다. 이란은 적어도 이슬람 세계에서는 여성 스포츠 선진국이자 강국이다.

이란에서는 1926년 근대주의자 레자 팔레비 왕이 여학생에게도 유럽 스타일의 체육 교육을 제공하면서 여성 스포츠가 시작됐다. 이란 여성이 국제 대회에 출전한 것은 1958년 아시안 게임, 1964년 도쿄 올림픽부터였다. 1974년 테헤란 아시안 게임에서 여성선수가 펜싱에서 금메달을 땄다.

1970년대에 이르러 여성이 보호자 없이 훈련할 수 있는 분위기가 만들어졌다. 이란 최초의 여성 축구 클럽이 이란의 명문 축구 클럽 FC페르세폴리스 내에 만들어졌다. 그때까지도 일부 남성들은 운동하는 여성을 성적으로 분방한 여성으로 여기면서 함부로 성추행하는 일이 빈번했다고 한다.

1979년 혁명으로 여성 스포츠가 중단됐다. 한 고위 성직자는 여성의 수영장 출입을 금지시키자는 설교를 했다. "여성이 수영을 하고 난 뒤 뺨이 붉게 물든 채 버스를 타게 될 것이다." 지도자 · 심판 · 진행 요원이 다 여성 인력으로 교체 충원되면서 여성 스포츠가 재개됐다.

이란의 스포츠 우먼들은 1990년 베이징 아시안 게임 때부터 다시 국제 무대에 나왔다. 1996년 애틀랜타 올림픽 개막식에서는 이란 역사상 최초로 여성이 선수단 기수로 나섰다. 무슬림 세계 전체에 큰 반향을 불러일으킨 이벤트였다.

테헤란에 있는 카펫 박물관의 한 전시 작품. 폴로를 즐기는 중세 페르시아 인들의 모습인데, 오른쪽 선수는 수염이 없는 동그란 얼굴 윤곽으로 미루어 여성일 가능성이 높다.

히잡을 쓰기 이전 나이의 태권 소녀. 태권도는 헤드기어 안에 히잡 착용을 허용함으로써 무슬림 여성들이 국제 대회에 참가하는 데 문제가 없다.

2016년 리우 올림픽에서 이란 역사상 최초로 여성 올림픽 메달리스트가 나왔다. 태권도 여자 57kg급에서 동메달을 딴 키미아 제누린이 그 주인공이다. (이란 남성은 1900년 파리 올림픽 첫 출전 이후 116년간 총 71개의 메달을 땄다.)

사족. 이란은 '제2의 태권도 종주국'을 자처하고, 세계에서 유일하게 태권도 리그를 운영하는 태권도 강국이다. 이란 태권도가 국제 무대에서 한국의 성적 이상을 거둬야 태권도의 세계화가 완성되는 게 아닐까.

12

이란의 절반, 이란의 여성

: 여성을 찾아서

21세기 여성의 히잡

마지막 여정은 이란의 여성이다. 감당할 수 없지만, 피해 갈 수 없는 주제일 것이다. 이란 여성은 이란의 절반이기 때문이다.

사는 게 똑같다 싶다가도, 한국과 이란의 여성 삶을 비교하면 그게 아니다. 같은 위도상에서 서로 다른 시대를 살고 있는 것 같다.

"엑도세." 하나 둘 셋.

유럽 여행지에서 귀에 익숙한 이란 어가 들릴 때가 있다. 베일을 벗고 사진 찍는 이란 여성을 중앙아시아나 유럽 어디쯤의 여인들과 구별하기가 어렵다.

이란에 대한 첫인상은 '이란 여성들은 히잡 쓰기를 싫어한다'는 것이었다. 비행기가 이맘 호메이니 국제 공항에 착륙하자, 여기저기서 여인들이 주섬주섬 히잡을 찾아 머리에 쓰는 걸 보았다.

출국 때도 외국 항공사 비행기에 탄 대부분의 이란 여성은 비행기가 활주로를 달릴 때 히잡을 벗는다. 여기저기서 샴푸 광고를 찍는 것처럼 긴 머리칼이 출렁거린다.

이란 여성은 남편이나 아버지 등 '보호자'의 허락없이는 국내

여행조차 할 수 없다. 남편과 사별한 어느 여성은 딸과 함께 해외 여행을 하려고 공항에서 출국 심사를 받다가 시아버지가 몰래 신청해 놓았던 출국 금지 조치 탓에 비행기 표와 휴가를 날려 버리기도 했다.

즉 비행기에서든 외국 땅에서든, 이란 여인이 히잡을 벗었다는 것은 '보호자'의 허락이나 묵인을 전제한다. 노블레스 오블리주를 의식할 만큼 사회 경제적 지위가 높은 사람들일 텐데, 거리낌없이 벗어던진다.

이란 정부의 공식 입장은 역시 '남탓'이다. 이란 여성들이 히잡을 벗는 이유는 여성을 성적 대상으로 타락시키려는 서구 물질주의의 농간 때문이라는 것이다.

현 이란 최고 지도자 하메네이는 그의 홈페이지에 수록한 '히잡은 모든 문명에 근거가 있는 문화'라는 연설에서 '히잡 쓰기는 의무가 아니라 권리'라고 주장한다.

"당신이 사극을 통해 보았듯이, 유럽에서도 200~300년 전까지 귀족 여성들은 그들의 얼굴을 가리는 히잡을 썼다. 히잡은 여성의 명예를 지키는 일이었다. 고대 페르시아에서도 고관대작의 부인들은 히잡을 썼다. 반면 일반 백성의 부인들은 그렇지 않았다. 거기에는 어떤 강제도 없었다. 이슬람은 그런 차별을 철폐하면서 히잡을 의무화한 것이다. 즉 히잡 쓰기는 모든 여성의 권리인 것이다. 나는 최근 지구상의 여성 3분의 2가 남편에게 매를

테헤란에 있는 카펫 박물관에 전시된 중세 작품. 상반신과 다리를 노출한 여성은 신화 전설 속의 '악마'인 듯한데, 아무리 예술 작품이라 하더라도 얼굴과 손을 제외한 여성 신체의 노출이 허용되지 않는 이란에서는 매우 희귀한 볼거리다.

카펫 박물관에 전시된 작품으로 일련의 스토리를 갖고 있는 시리즈 물의 하나인 듯하다. 노출이 심한 마녀가 드디어 화살에 맞아 죽기 직전이다.

320

맞고 산다는 보도를 접했다. 안타깝고 눈물나는 일이다. 이런 폭력은 대개 서구 선진 국가에서 벌어지고 있으며, 대개 여성에 대한 남성의 성적 학대와 성적 요구에 이어 벌어지는 일이다. 사실이 이러한데도 그들은 히잡 쓴 여성의 대학 입학을 막으면서 우리가 히잡 착용을 강제한다고 비난한다. 우리의 법은 여성의 명예를 지키려는 시도인 반면, 저들의 그것은 여성의 명예를 실추시키고 있다."

코 성형 수술의 나라

신의 이름으로 온몸을 검은 천으로 씌워도 아름답게 보이려는 여성의 욕망을 가릴 수는 없다. 이란 여성들은 그녀에게 노출이 허용된 얼굴과 손에 승부를 건다. 다른 문화권에서 전신 미용에 투자할 비용을 두 부위에 집중한다.

론리 플래닛 출판사의 2008년판 이란 가이드북 초판 1992년에 이미 이란은 '코 성형 수술의 왕국'으로 소개됐다. 당시 테헤란에 3,000여 개의 성형외과가 있었고, 한해 9만여 명이 코를 리모델링했으며, 수술 비용은 비싼 경우 4,000달러였다.

최근엔 연 20만 건의 코 성형 수술이 이뤄지는 것으로 추산되고 있다. 수술비는 여전히 만만치 않다. 그러니 코 수술을 받은 여성은 반창고를 붙인 채 거리를 활보한다. 코에 붙인 반창고는 그녀가 고소득 전문직 종사자로서 '곗돈'또는 적금을 탔거나, '금수 저'라는 출신 성분을 드러내는 일이기 때문이다.

이들의 코 리모델링은 증축이 아니라 축소 성형이다. 작은 얼 굴에 비해 높이 솟은 코가 부담스럽다고 한다. 혈통적으로 매부 리코를 지닌 여성은 그 기회에 콧잔등을 깎는다.

이란의 멋쟁이 여성들은 또한 얼굴의 솜털 하나까지 완전히 뽑아 버린다. 티끌 없는 캔버스 위에 분장에 가까운 짙은 화장을 한다. 눈썹과 입술에도 원색의 칠을 입힌다. 이어 손등과 손가락 을 다듬고 치장하는 것에서 미용의 한 코스가 끝난다.

테헤란의 미용실에는 우리의 찜질방처럼 넓은 곳도 있다는데, 커튼 쳐진 침대방이 벌집처럼 다닥다닥 붙어 있다고 한다.

물론 국가는 "히잡과 차도르를 착용함으로써 남성의 시선으로 부터 스스로를 해방시키고, 기도를 통해 영혼의 고양에 모든 시 간을 사용하라."고 계몽한다.

이란을 대표하는 두 여성상像

이란의 여성을 대표하는 두 '롤 모델'이 있다. 예언자 무함마드 의 첫 아내와 외동딸이 그들이다. 그녀들의 활약상을 보면, 이슬 람 초기 여성들의 지위가 지금보다 높았던 것 같다.

무함마드는 25세 때 15세 연상녀인 카디자와 결혼했다. 카디자는 전 세계를 무대로 삼은 거대한 무역상이었다. 그녀는 똑똑하고 일 잘하는 청년 무함마드를 눈여겨보았다. 청년에게 해외 무역 프로젝트를 맡겨 능력을 시험했고, 그가 사업에 성공하자 남편으로 삼았다.

카디자는 온달을 키운 평강공주를 능가하는 '내조의 여왕'이었다. 남편을 믿고 그에게 무제한의 시간과 자유를 선사했다. 둘은 아내가 죽기까지 25년간 영혼의 동지였다.

두 번째 부인 아이샤는 여장부였다. 남편을 도와 전쟁터를 누비고, 남편 사후에는 지휘관 역할도 너끈히 소화했다. 말년엔 이슬람 첫 여성 신학자의 삶을 살았다.

예언자는 10명의 부인을 더 두었는데, 태조 왕건이 29명의 부인을 둔 것과 비슷한 이유였다. 10명의 부인은 미망인들이었으며, 사회 통합과 구휼이라는 정략적이며 경제적인 의미가 있었다고 평가된다.

"내가 호메이니의 청혼을 뿌리친 날 밤, 꿈에서 파티마예언자 무함마드의 딸가 나타나서 그와 결혼하라고 말씀하셨지."

1929년 당시 27세이던 청년 호메이니는 15세 아가씨 '코드세 이란'에게 청혼했다. 그 아가씨는 부모에게 결혼하기 싫다고 말씀드렸다. 하지만 그녀는 계시를 받고 이튿날 청혼을 받아들였다. 그녀는 호메이니의 처음이자 유일한 아내로서, 조용히 살다 오랜 투병 끝에 2009년 사망했다. (유달승, 『호메이니』)

독실한 무슬림 처녀의 삶을 순식간에 바꿔 놓은 파티마는 '이슬람의 어머니'다. 이슬람 창시자의 딸, 시아 이슬람의 기원인 알리초대 이맘의 아내이다. 그녀는 이란 달력 3월 3일 '어머니 날'의 주인공으로서 기독교의 성모 마리아에 해당한다. 장남 하산2대 이맘과 차남 후세인제3대 이맘이 오늘날 이란의 정체성을 상징하는 인물인 것이다.

파티마는 실로 '수퍼 울트라 우먼'이겠다. 알라와 예언자 다음으로 완전무결한 존재로서 이슬람교 최초로 천국에 간 여인이다.

외국인 여성의 히잡

아랍 격언에 따르면 '여성의 육체는 사탄의 집'이라고 한다. 근대 이전에는 동서를 막론하고 그렇게 생각했던 듯하다. 여성의 머리카락 한 올 한 올이 다 날름거리는 뱀의 혓바닥이었다!

여성에게도 해탈의 길을 열어 놓은 석가모니 부처조차 여성을 유혹하는 존재로 여겼다. 그는 지옥신 '마라'의 딸들로부터 성적인 유혹을 받고도 흔들리지 않아 궁극의 깨달음에 이르렀다. 승려들은 머리카락을 깔끔히 밀어 세속적인 번뇌와 거리를 두었다는 표시로 삼는다.

고대 그리스에서도 여성은 낯모르는 사람 앞에서는 베일을 썼다. 지금도 가톨릭 미사에서는 여성들이 베일로 머리카락을 가리기도 한다. 조선시대 사대부 집안의 규수는 지금의 이란보다 엄격한 복장 규정을 지켜야 했다.

이슬람 이전의 중동 지방에도 히잡은 있었다. 아시리아와 페르시아에서는 베일이 계급이나 신분을 나타냈다. 또한 유목민의 약탈 경제였던 아랍 사회에서는 여성은 '코빼기'조차 내비치지 않는 자구책이 필요했다. 전투가 끝나면 여성들은 성적으로 유린당하거나 노예로 팔려 갔다.

지금은 이슬람 문화권을 제외하면 여성의 머리칼을 베일로 가리게 하는 풍습은 남아 있지 않은 것 같다. 쿠웨이트는 비 무슬림에게는 히잡 착용을 금한다. 히잡은 쿠웨이트 여성에게만 허용된 특권으로서 '금수저'의 표상이다. 아랍에미리트나 바레인 등지에서는 외국인 여성은 반바지에 티셔츠를 입고 다녀도 상관없다. 터키나 말레이시아는 자국민도 히잡 착용을 선택할 수 있다.

이란과 사우디아라비아는 외국인 여성에게 히잡을 강제하는 대표적인 나라들이다.

테헤란에서 사업을 하는 어느 외국인 여성은 머리를 감고 말릴 틈도 없이 히잡을 쓰고 일터로 갔다. 여름 휴가 때 고국의 미용실에서 "머리에 곰팡이가 슬었어요."라는 말을 듣고 기겁했다.

어느 한국인 여성은 휴가 때 한국에 가서 백화점에 들렀다. 스카프가 나타나자 자기도 모르게 거기에 손이 갔다. 스카프를 목이 아닌 머리에 두른 채 거울을 보았다. 이를 이상히 여긴 점원과 눈이 마주치고서야 쓴웃음을 지었다 한다.

비非 무슬림 여성들은 상대방 문화에 대한 예의이자 존중 차원에서 히잡을 써야 한다는 것에 흔쾌히 동의한다. 하지만 속으로는 짜증이 좀 난다. 더운 날 마구 땀흘릴 때도 뒤집어써야 하는 게 여간 고역이 아닌 모양이다.

과거 팔레비 시절에 '(서구식) 자유화'를 경험해 본 이란에서는 '히잡을 쓰든 말든 개인의 선택에 맡겼으면 좋겠다'는 자유주의적인 생각을 지닌 젊은 여성이 꽤 있다.

"히잡 착용을 거부하는 여성이든, 히잡 금지에 반발하는 여성이든 저항의 대상은 다르지 않다. 선택에 맡기지 않는 것, 강요하는 것이다. (중략) 이제는 히잡을 그저 멋스러운 패션의 하나로, 세계의 다양성을 확인하게 하는 독특한 전통의상으로 바라볼 수 있을 것이다. 다만 종교 근본주의와 가부장적 인습을 걷어 낸다면. 또 여성의 자유 의지에 맡긴다면 말이다."(허핑턴포스트US)

하지만 두 문명은 서로 다른 '자유'를 갖고 있다. 테헤란에는 '아자디'자유가 흘러넘친다. 축구 원정팀의 무덤이라는 '아자디 경기장'이 있고, 국영여행사 이름이 '아자디'이며, 이란 최고 호텔도 '아자디'이다. 도로와 공공건물도 '아자디' 투성이다.

이 '아자디'는 속세의 그물망에서 벗어나 신의 말씀과 내세에 귀의함으로써 얻어지는 내적인 충만함이랄까. 한용운의 시 「복종」과 닮아 있다. 그것은 서구 계몽주의 이후 신과 왕으로부터

테헤란에서 개최된 국제 패션쇼에 참가한 수백 개 부스의 수만 점 전시작 가운데 거의 '유이'하게 히잡을 쓰지 않은 모습의 스케치 작품.

독립한 개인이 자기자신과 시장의 주인이 되기 위해 필요했던 자유와는 다른 뜻을 지녔다.

이란의 성직자들에게 히잡 착용 여부를 개인의 자유에 맡기자고 하면 이렇게 말할 것이다. "이란에는 진정한 자유가 구현되고 있다. 우리는 자유보다 달콤한 행복을 누리지 못하고 있는 전 세계 여성을 상대로 계도하고 있다."

진리가 자유인가, 자유가 진리인가.

이슬람 밖의 시각에서 보자면 히잡 착용의 강제성은 여성 인권에 대한 탄압인 것 같다. 반면 무슬림들은 히잡은 신이 명령한 계율이며, 여성의 해방을 뜻한다고 한다. 탄압인가 해방인가. 히잡은 이슬람 문화의 가장 뜨거운 상징이다.

이란은 1926년 팔레비 1세가 여성의 인권 개선을 이유로 히잡 착용을 금지시켰다. 성직자 그룹은 이를 고문(신체에 가해지는 박해)이자, 세뇌(이란의 전통과 문화, 그리고 종교를 송두리째 지우려는 영혼의 세척 작업)로 여겼다.

1979년 혁명이 성공하고, 성직자들이 권력을 잡자 이란은 이슬람 복장법을 도입하고 히잡을 강제했다. 여성은 얼굴과 손을 제외한 신체 부위를 밖으로 드러낼 수 없게 됐다. 남성은 반팔까지는 허용하되, 반바지를 금했다. 이를 어기면 채찍형 또는 벌금형에서 금고형까지 처했다. 『쿠란』에 근거한 조치였다.

"믿는 여성들에게 일러 가로되 그녀들의 시선을 낮추고 순결을 지키며 밖으로 나타내는 것 외에는 유혹하는 어떤 것도 보여서는 아니 되니라. 그리고 가슴을 가리는 머릿수건을 써서 남편과 그녀의 아버지, 남편의 아버지, 그녀의 아들, 남편의 아들, 그녀의 형제, 그녀 형제의 아들, 그녀 자매의 아들, 여성 무슬림, 그녀가 소유하고 있는 하녀, 성욕을 갖지 못한 하인, 그리고 성에 대한 부끄러움을 알지 못하는 어린이 외에는 드러내지 않도록 하라. 또한 여성이 발걸음 소리를 내어 유혹함을 보여서는 아니 되나니 믿는 사람들이여, 모두 하나님께 회개하라. 그리하면 너희가 번성하리라."(제24장 누르 31절)

이슬람 경전은 여성의 몸을 유혹 그 자체로 보았다. 성적 추문과 성폭력의 원인은 남성의 성욕을 불러일으킨 여성의 복장과 태도의 불량 때문이다. 그래서 신 쿠란과 예언자 하디스보다 좀더 엄격한 율법학자 샤리아들은 여성들에게 얼굴마저 통째로 가리고 손에도 장갑을 끼라고 권했다. 역시 간음하는 자보다 간음되는 자에게 간음의 책임이 있기 때문이다.

이란 여성들은 혁명 이전보다 행복해졌을까. 이란의 여성 인권 운동가로서 노벨평화상을 탄 시린 에바디는 자서전『히잡을 벗고 나는 평화를 선택했다』에서 혁명의 열성적인 지지자가 혁명 후에 어떻게 '반체제 인사'로 변모하게 됐는지를 보여 준다.

"법이 바뀌었다. 시계를 1,400년 전으로 되돌리는 조치였다." 그녀는 이란 이슬람 공화국 출범 이후 '여성은 판사가 될 수 없다'는 이유로 하루 아침에 판사에서 법원 비서행정직로 강등됐다. 여성은 똑같은 교통사고를 당해도 보상금을 남성의 절반밖에 받지 못하게 됐다. 법정에서 남성 1명의 증언을 반박하려면 여성 2명이 증언대에 서야 했다. 이혼하려면 남편의 허락을 받아야 했다.

여성 코미테풍속 경찰는 차도르 안에 무전기를 숨기고 다니며

가내 수공업 방식으로 카펫을 짜고 있는 이란 여인들. 두 명이 한 조를 이뤄 중대형 카펫을
짜고 있다. 카펫은 소비자에게 비싸게 여겨지지만, 여성 노동자들은 수개월간 중노동한
대가를 제대로 받지 못한다. 이란에서도 생산자보다는 유통업자가 '갑'이다.

사진을 보고 있는 이란 아가씨들의 모습을 새긴 카펫.

여성을 감시했다. 남성 코미테는 말을 타고 다니며 복장 불량 여성을 가죽 채찍으로 때렸고, 말대꾸를 하면 경찰서로 임의 동행한 뒤 혁명 재판소에 넘겼다.

법률 전문가인 저자는 '체제 내 논리'로 여성의 인권을 보호하는 투쟁을 벌이기 시작했다.

"샤리아이슬람법에서 '여자는 여자가 때리는 채찍이 아니면 맞을 수 없다'고 했는데, 왜 남자가 여자에게 채찍형 40~80대를 집행하느냐."

조선 단발령과 이란 히잡령

1895년 조선에 단발령이 내렸다. 선비들과 백성들은 "상투를 자르려거든 차라리 내 목을 잘라라."吾頭可斷 此髮不可斷며 저항했다. 부모에게 물려받은 것은 털끝 하나 건드리지 않는 게 효도의 출발이라는 성리학의 가르침 때문이었다.

백과사전에 따르면, 백성들은 단발을 두려워해 문을 걸어 잠근 채 집 밖으로 나가지 않았다. 일부는 산속으로 들어가 화전을 일구었다. 강제로 상투를 잘린 사람은 상투를 주머니에 넣고 통곡했다. 방방곡곡에서 의병이 일어났다. 단발령을 주도한 세력이 무너지고, 그 주역들은 일본으로 망명하거나 살해됐다.

이란은 현재 1395년2016.3.20~2017.3.20이다. 무함마드가 고향 메카에서의 박해를 피해 메디나로 떠난 해서기 622년가 이란력의 원년이다. 이란에 살다 보면 때때로 타임머신을 타고 성리학의 나라인 조선에 온 것이 아닐까 하는 착각에 빠질 때가 있다. 장옷과 히잡이 오버랩될 때 특히 그러하다. 여성의 육체적 정조를 국가와 법이 아니라 천쪼가리로 지켜보라는 남성들의 '갑질'이 느껴진다.

태종 12년, 조선은 법령으로 여인들에게 장옷을 입도록 했다. 그리고 일곱 살이 되면 남녀가 한 자리에 있는 것만으로도 남녀상열지사였다. 여자아이는 열 살이 되면 집 밖으로 나가지 못했다. '천하를 호령한 민비는 한 번도 장안 외출을 하지 못했다.' 시집을 간 후 집 밖을 나가지 못해 한평생 외간 남자의 얼굴을 보지 못한 경우도 있었다.

조선 팔도에 널린 열녀문은 성리학에 의한 여성 학살 현장 같다. 치욕을 당한 조선 여성들은 평생 짊어져야 할 낙인 효과가 죽음보다 무서운 것이었다. 그건 선택이 아니라 강요였으므로, 자결이 아니라 사회적 타살이었다.

이란 여성의 히잡은 머리에 이고 다니는 열녀문 같다. 히잡은 머리카락이나 헤어스타일의 문제가 아니라 문화 상징 또는 정체성과 관련된 '목숨 거는 일'이다. 타협이나 선택의 방법으로 해결될 문제가 아닌 것이다.

무함마드의 상처

무함마드가 여성에게 히잡 착용을 강조한 이유는 두 번째 부인 아이샤과 관련된 일에서 큰 교훈을 얻었기 때문이다.

아이샤는 '이슬람의 어머니'라 불리는 성녀聖女로서, 무함마드의 의발을 전수받은 제1대 칼리프아부 바크르의 딸이었다. 무함마드는 첫 부인과 사별 후 아이샤의 나이 여섯 살 때 약혼하고, 그녀 나이 아홉 살 때 결혼했다. 무함마드는 이후 열 명의 여인과 더 결혼했다.

어느 날 아이샤가 간통했다는 소문이 퍼졌다. '아이샤의 실수'라고 명명된 사건의 전말은 이러하다.

무함마드는 원정을 나가느라 행군을 명령했다. 함께 전쟁터를 누비던 아이샤는 어디선가 떨어뜨린 목걸이를 찾으러 나갔다가 함께 출발하지 못했다. 여성 막사는 좀 깊숙한 곳에 있었고, 함부로 그 안을 들여다보기도 어려웠으므로 아무도 챙기지 못한 모양이었다.

그녀가 돌아왔을 때 캠프는 비어 있었다. 그녀는 누군가 오기를 기다리다 지쳐 잠들었다. 본진보다 하루 늦게 떠나면서 남겨진 물품을 챙기는 일을 담당하던 병사가 이튿날 아침 그녀를 발견했다. 그는 그녀를 낙타에 태워 본진에 합류했다.

이것을 본 일부 무리들이 '예언자의 아내가 간통을 했다'는 소문을 냈다. 예언자는 모든 아내들과의 잠자리를 멀리하면서 고통스런 시간을 보냈다.

예언자의 언행록인『하디스』에 따르면, '가장 혐오스러운 것'이 무엇인지를 물어본 신자들에게 예언자는 '간통'이라고 대답한 적이 있었다. 지옥의 시간을 보내던 예언자는 어느 날 알라의 계시를 받았다.

"실로 중상中傷을 퍼뜨린 무리가 너희 가운데 있었으되 그것을 너희에 대한 죄악으로 생각지 말고 오히려 너희를 위한 선으로 생각하라. 모든 인간은 그가 죄악으로 얻은 만큼 보상되며 그 가운데의 우두머리는 더 큰 벌을 받으리라. (중략) 그들이 증인들을 세우지 못했으니 그들은 하나님 앞에서 허위자들이라."(제24장 누르 11~13절)

신은 자신의 육성으로 아이샤의 순결을 증명하고 보증해 주었다. 게다가 신은 마음고생을 한 아이샤에게 더 큰 인품을 선물로 주었고, 예언자에게 다시 부부 관계를 맺어도 좋다는 계시를 내렸다.

"예언자여, 하나님께서 그대에게 허용한 것을 스스로 금기하느뇨? 그대는 그대 아내들의 기쁨을 구하고 있으며 하나님은 관용과 자비로 충만하시니라."(제66장 타흐림 1절)

아이샤가 '믿는 사람들의 어머니'로 격상되면서, 그녀의 '스캔들'은 전화위복이 됐다.

이후 간통에 대한 형벌이 가죽 태형 100대로 정해지고, 예언자는 여성들에게 베일을 쓰라고 명했다. 간음은 만국 공통의 금기이지만, 『쿠란』은 다른 경전에 비해 그와 관련한 계시가 많고 어떤 죄보다 강한 응징을 규정하고 있다.

이란을 위한 변명

서방 세계는 인권과 민주주의를 잣대로 다른 나라의 내정에 간섭하거나 비판할 때가 있다. 이란은 그 잣대가 과연 보편적 가치인지, 그리고 이중 잣대와 고무줄 잣대는 아닌지 이의 제기를 할 때가 많다.

이란은 민주주의 측면에서 왕권을 가족에게 승계하는 주변의 이슬람 왕정 국가들과 비할 바 아니다. 이란은 국민 투표를 통해 중도 개혁 성향의 대통령을 만들어 내기도 한다. 최고 지도자의 절대 권력 앞에서는 '찻잔 속의 태풍'에 불과한 것이지만 말이다.

여성의 인권 역시 이슬람 국가들 가운데 이란이 월등한 편이다. 이웃의 이슬람 국가 여성들은 대개 출산과 육아, 그리고 가족 생활이 삶의 전부이며, 이혼은 곧 생존의 위기다.

반면 이란의 이혼율은 30%대다. 이란 여성은 이혼 후 무소의 뿔처럼 살아갈 수 있는 것이다. 위자료 제도 역시 여성에게 불리하지 않다.

테헤란 인근의 전통 마을로 소풍을 온 이란 여학생들의 활기찬 모습.

이란의 모든 신랑측은 약혼 또는 결혼할 때 이혼 또는 사망 시 신부측에 내놓을 지참금 성격의 위자료 금액주로 이란중앙은행이 발행한 금화의 개수을 서약서에 명기한다. 양가 합의 하에 금액을 결정하지만, 신부측은 신랑측이 이혼을 꿈꿀 수 없도록 가능한 많은 위자료를 요구하는 편이다. 결혼하고 싶어서 안달인 남자는 사랑이 영원하리라위자료를 주지 않아도 되리라는 믿음 속에서 여자측의 요구에 기꺼이 응한다.

실제 상황이 벌어졌을 때, 남자들이 위자료를 감당하지 못하면 소송이 벌어진다. 테헤란에 정치범 감옥으로 유명한 '에빈 교도소'가 있는데, 수감자의 절반이 '황제 노역'처럼 몸으로 죗값을 치르는 이혼남이라는 말이 있다.

여자들도 약속된 금화를 다 받아 낼 마음은 없다. 남성에게 유리하게 진행되는 이혼 법정에서 여성은 위자료를 깎아 주겠다는 조건으로 남성의 합의를 이끌어 내기도 한다. 전문직 여성은 위자료를 포기하는 대신 속전속결로 이혼 절차를 끝내는 경우도 있다.

이런 이유일까. 이란에서는 길거리에서 아내에게 큰 목소리로 혼나는 남편이 흔하다. 법적으로는 일부사처까지 가능하지만, 절대 다수의 남성은 '하나도 힘든데 뭘 넷씩이나'라고 말한다.

이란의 여대생 숫자가 남학생을 앞질러 보수 세력들이 대학 입시에서 '남학생 할당제'를 만들어 냈을 정도다. 이란도 한국처럼 여학생이 남학생보다 공부를 잘하는 모양이다. 이란 여학생이 학업의 기회에서 전혀 차별받지 않는다는 점 역시 주변국보다 나은 점 같다.

사정이 이러한데 서방 언론에서는 히잡 관련 논란을 보도할 때 이란 여성을 사례로 든다.

13

노루즈*Nowruz*와 라마단*Ramadan*

: 이란 최대의 두 이벤트

노루즈 풍경

백합과 수선화가 봄이 온다는 손짓을 할 때, 이란은 새해를 맞이한다. 이란의 새해 첫날은 '노루즈'인데, 춘분_{양력 3월 20일쯤}이다. '노'는 '새롭다', '루즈'는 '날'이다.

그래서 이란에서 지내다 보면 설을 세 번 쇤다. 양력 1월 1일, 음력 설, 그리고 이란력 정초다. 이란의 새해가 전 세계에서 가장 늦긴 할 텐데, 가장 합리적인 것으로 여겨진다.

춘분은 봄과 생명의 귀환을 뜻한다. 황소자리가 사자자리에 밤하늘을 넘겨 주는 때이기도 하다. 조로아스터교에서는 선이 악을 물리친 날로 해석했다. 고대 페르시아 제국은 그날 만국의 사신을 페르세폴리스로 불러 모아 봄과 생명과 선의 승리를 함께 축하했다.

이슬람 혁명은 조로아스터교 전통을 이슬람 스타일로 교체했지만, 노루즈는 그 와중에서 거의 유일하게 살아남은 전통 절기다. 3,000년간 이어진 이 봄축제는 유네스코 인류 무형문화유산으로 지정됐다.

옛 페르시아 인은 연말에 인간의 창조와 불의 탄생을 축하하는 축제를 엿새간 즐겼다고 한다. 그 불은 낡은 것을 태우고 새로운 생명을 불어넣어 주는 에너지를 뜻했겠다.

　요즘 노루즈 연휴는 공식적으로는 3일간이다. 하지만 석유국유화의 날3.19, 이슬람 공화국의 날3.31, 자연의 날4.1 등을 징검다리 삼아 2주간의 휴가를 즐기는 이들이 많다. 민족의 대이동이 펼쳐지고, 상가는 문을 닫으며, 도심은 텅 빈다.

　노루즈 휴가를 2주간 즐기는 이유는 '13'이 불길한 숫자이기 때문이다. 그들은 정월 초 13일엔 집 밖으로 나가 손재수를 턴

테헤란 내 독일 대사관 학교 어린이들이 노루즈 축제의 전야제 행사로써 모닥불을 뛰어넘고 있다.

다. 춘분 지나 13일째이므로 일년 중 가장 좋은 날씨에 소풍을 만끽하고, 하루를 더 쉰 다음 출근하는 것이다.

손재수를 터는 날 그들은 흐르는 물 위에 초록 식물을 띄운다. 옛날에는 처녀들이 새싹을 리본처럼 묶은 뒤 소원을 빌었다고 한다. "내년엔 신랑과 함께 있게 해다오, 내 팔엔 아기를 안고". 요즘 아가씨들도 이날 이상형의 남편을 만나기를 빌지만, 아기를 낳겠다는 다짐을 하지는 않는다. 이란 젊은이들도 우리처럼 '3포 세대'다.

이란이 최소 2주간 올스톱되므로, 일을 하고 싶어도 할 수 있는 일이 없다. 외국인들도 긴 휴가를 낸다. 오래전에 비행기 표를 예매해 놓지 않으면 2~3주간 집에서 감옥 생활을 하게 된다.

"세상에서 이란 인들만큼 길게 새해 연휴를 즐기는 사람들이 있을까?" 정부와 의회는 연휴 기간을 줄이고 싶어한다. 그러나 국민들은 들은 척 만 척이다. 고향에 내려갔다가 휴가가 끝나도 직장에 복귀하지 않고 푹 쉬는 경우가 허다하다.

폭죽놀이와 광대

새해가 다가오면 이란 인 친구가 "오늘 퇴근할 때 폭죽놀이하는 곳을 피해서 돌아가세요."라고 조언해 줄 것이다. 그리고 집에 가는 도중 얼굴에 먹칠을 한 광대를 만나게 될 것이다.

퇴근길 교통 체증으로 도로가 주차장일 때, '하지 피루즈'^{이란의} _{전통 광대}가 탬버린을 치며 다가와 약간의 춤과 노래를 보여 주고 몇 푼의 동냥을 원한다. 붉은 옷에 고깔모자, 그리고 얼굴에 먹 칠한 이 청년이 신년의 전령이다. 마을 집집을 돌아다니며 단순 한 멜로디의 민요를 불렀다고 한다.

모두가 알아요 일 년에 하루뿐이라는 걸
너도 알고 나도 알고
노루즈는 일년에 한 번뿐이라는 걸

내 사랑 안녕
고개를 들어 나를 봐요 내 사랑
그리고 내 부탁을 들어줘요
웃어 주세요
나는 당신의 숫염소

그의 피부가 검은 것은 신데렐라처럼 불에 그을린 흔적이 아닐 까. 조로아스터교 사제는 흰 옷을 입지만, 사원의 불을 담당하는 '불지기'_{성당의 '종지기'에 상응}는 붉은 옷을 입었다. 불지기의 첫째 임 무는 불을 지키는 것, 둘째 임무는 기도 시간에 사람들을 불러 모 으는 것이었다. 그의 얼굴은 늘 성화에 그을려 있었으리라.

일부는 메소포타미아 기원설을 주장한다. 메소포타미아 신화에서는 농업과 가축의 신 '탐무즈'가 매년 봄에 죽은 자의 세상에서 현세로 귀환할 때 1년생 식물들이 재탄생하는 것이라고 한다. 그 신이 암흑 세계에서 돌아온 것을 축하하는 가무를 즐기는 사람들이 얼굴에 먹칠을 했다는 것이다.

이 광대는 재미있는 발음과 억양, 성대 모사나 말더듬이 흉내 등 만담꾼의 재주를 피운다고 한다. 그의 수입은 그의 능력에 달렸을 것이다.

이란력의 마지막 수요일, 즉 제야의 전날eve에는 모닥불을 뛰어넘으며 송구영신을 한다. 홀로 또는 지인의 손을 잡고 불을 넘으면서 "너의 아름다운 붉은 빛을 내게 다오, 그 대신 나의 창백한 병색을 가져가다오."두껍아 두껍아 헌집 줄게 새집 다오 따위의 주문을 읊조린다고 한다.

거리 곳곳에서는 위험한 폭죽놀이가 벌어진다. 싸구려 불량 폭죽 때문에 매년 10명 안팎이 죽고, 수천 명이 화상, 손가락 절단, 골절 등으로 다친다. 폭죽이 어디로 튈지 모르니 가방으로 머리를 가리고 주차된 차량을 엄폐물 삼아 집으로 뛰어 들어가게 된다. 밤늦도록 폭죽 소리가 이어진다.

라마단 풍경

노루즈가 조로아스터교 전통의 최대 민속 명절이라면, 라마단은 이슬람교 최대 이벤트인 단식 성월聖月이다. 라마단은 선지자 무함마드가 천사 가브리엘에게 처음으로 알라의 계시를 받은 이슬람력 9월로서, '자비로 시작되어 용서로 진행되며 구원으로 종료되는 달'이다.

무함마드는 "알라를 위해 금식을 하루 하면 알라는 그의 몸을 불지옥으로부터 70년을 멀리하게 할 것이다."라고 했다. 뽑아 든 칼도 칼집에 넣는 평화의 달이고, 욕도 화도 내지 않고 금식을 통해 타인의 고통을 함께 느끼는 마음 공부의 시간이다. 한 달간 일출부터 일몰 때까지, 한국의 고3 학생이 하루에 공부하는 시간만큼 굶고 지낸다.

이란 사람들은 그 계율을 잘 지키고 있는 것일까. 테헤란 사람들에게 물어보면 '반반쯤 된다'고 답한다. 라마단이 다가오면 "아, 또!"라고 짜증내는 사람도 있고, 어떻게든 계율을 지키려고 노력하는 사람도 있다.

계율을 지키고 있는 사람인지는 척 보면 안다. 물 한 모금 마시지 않고 버티는 사람들의 입술은 가뭄 속 논밭처럼 타들어 간 흔적이 역력하다. 그러나 '백마고지 삼총사'는 어디든 있다. 밤낮으로 주인이 뒤바뀌는 전투 속에서도 식사 시간이 되면 산모퉁이 돌

뽑아 든 칼도 칼집에 넣는 평화의 달이고, 욕도 화도 내지 않고 금식을 통해 타인의 고통을
함께 느끼는 마음 공부의 시간이다.

아 도시락을 까 먹는 군인이 한쪽에 세 명씩은 있다. 구멍가게나 매점에서 음료수와 아이스크림을 사 먹는 사람이 눈에 띈다.

라마단 기간에는 외국인도 긴장하게 된다. 진짜로 굶느라 예민해진 사람들의 심기를 건들까 봐 말도 평소보다 조심하는 게 좋다. 생수병은 가방 깊숙이 넣는다.

입술에 물이 닿아서도 안 되는 라마단

신앙심 깊은 집안에서는 아이들까지 계율을 지키려고 노력한다. 초등학교 6학년이던 딸의 '절친'이 집에 놀러왔을 때의 이야기다. 둘은 점심을 굶은 채 놀았다. 딸에게만 밥상을 차려 줄 수는 없는 것이었다.

문제는 아파트 수영장에서 노는 일이었다. 라마단 때는 입술에 물을 묻혀서도 안 되므로 수영은 금지된다. 딸의 친구는 엄마에게 물놀이 절대 금지 명령을 받고 놀러온 터였다. 아이들은 그러나 신나게 물놀이를 했다. 헤어드라이기로 머리칼을 완전히 말려 '증거 인멸'을 한 뒤 저녁 때 집으로 돌아갔다. 신앙심 깊은 집안의 아이는 라마단 금식을 내면화하고 있는 것이다.

친구는 그렇다 치고 딸내미는 배가 고프지 않았을까. "놀 때는 몰랐는데, 친구가 가고 나니까 배가 고파졌어요."

남의 눈을 의식하는 억지춘향 식의 금식도 적지 않다. 한 번은

테헤란 북부 토찰 산 입구의 한 대형 음식점.

테헤란 내 어느 대형 식당의 주방. 라마단 때는 배고픈 손님들에게 미리 주문을 받아 요리를 다 해놓은 다음, 일몰을 알리는 방송이 끝남과 동시에 손님 테이블로 갖다 준다.

바자르에서 흔히 볼 수 있는 달달한 주전부리들. 각종 과일과 견과류를 설탕에 절이거나 말린 것들이다.

여행지에서의 한 끼 식사. 이란 인의 주식은 케밥이며, 주로 양고기와 닭고기 숯불구이에 밥과 감자 등속이 함께 나온다.

라마단 기간에 외식을 하러 나갔다. 대형 식당은 이미 손님들로 가득했고, 저녁 8시가 넘도록 해가 지지 않아 배가 고팠다. 테이블마다 생수 두 병, 빵과 버터, 약간의 채소가 세팅돼 있었다.

종업원이 메뉴를 갖다 주어서 주문을 했다. 그러나 음식은 나오지 않았다. 라디오 방송을 통해 『쿠란』 소리가 10분 이상 흘러나왔다. 그리고 일몰을 알리는 아나운서의 멘트가 나왔다.

미리 주문했던 음식들이 모든 테이블 위로 한꺼번에 '쏟아져' 나왔다. 주방에서는 음식을 만드는 전투가 벌어지고 있던 것이었다.

한달 동안 일몰 후 폭식하고 잠들었다가 일출 전에 또 폭식하니, 금식 기간에 소화불량을 포함한 위장병 환자가 속출하고 살찌는 사람도 많다고 한다. 그래도 한 달간 배고픔 속에서 가난한 사람들의 고통을 느껴 본 사람들은 성자의 얼굴을 갖게 된다.

관광객은 병자·임신부 등과 함께 금식 의무에서 면제된다. 공항이나 고속도로 휴게소, 고급호텔 레스토랑의 일부가 점심 때문을 연다. 다만 검은 천으로 커튼을 쳐서 식당 밖에서 안이 들여다보이지 않도록 조치한다. 라마단 기간에는 해가 떠 있는 동안 담배와 성 관계도 금지된다는데, 속사정은 하늘만 알 뿐이다.

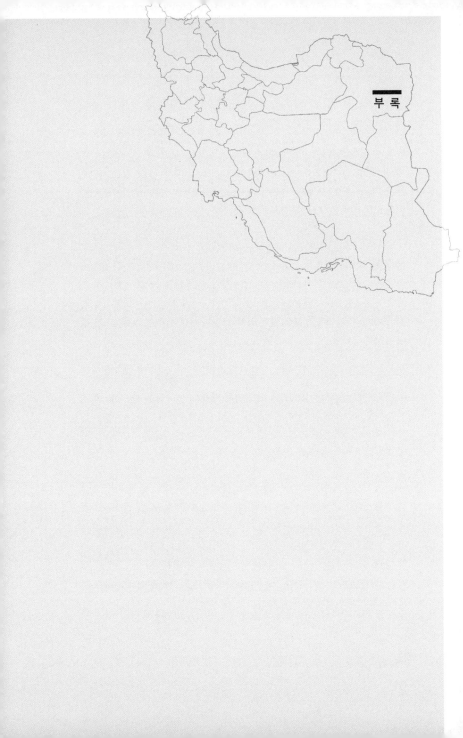

부 록

● 살림지식총서에 이란 입문서 몇 권이 있다. 『고대 페르시아의 역사』 『이란의 역사』, 『에스파한』, 『페르시아의 종교』, 『이슬람 예술』 등은 유홍태 박사(이스파한대)가 썼다. 『페르시아 문화』(신규섭 지음)는 우리가 몰랐던 이란 문화 전반을 쉽고 재미있게 알려 준다.

● 비즈니스로 이란을 방문한다면 박재현 전 주 이란 대사의 『페르시아 이야기』(지식과감성)와 임인택 전 KOTRA(대한무역투자진흥공사) 테헤란 무역관장의 『이란 문화와 비즈니스』(늘품플러스)를 권한다. 외교관이 쓴 책에 나온 내용이라면 이란 인과의 공식 만남에서 발언해도 되는 수위일 것이다. 전 무역관장의 책은 상인 감각으로 쓴 이란 진출 안내서로 디테일에 강하다.

● 장병옥 교수(한국외대 이란 어과)가 쓴 『이란 들여다보기』(외대출판부)에는 '이란의 모든 것'이 풍성한 도판과 함께 교과서 스타일로 깔끔하게 정리돼 있다. 『황금의 제국 페르시아』(국립중앙박물관)은 2008년 한국 전시회 때 찍어 낸 전시 도록으로 신석기 시대에서 사산 제국까지 이슬람 시대 이전의 역사를 유물로 보여 준다.

●『오! 이런 이란』(최승아 지음, 휴머니스트)은 이란 어를 잘 하는 사람이 특권적으로 경험할 수 있는 이란(인)의 속살을 감각적이고 곰살맞은 문체로 정리한 문화 기행문이다. 『테헤란 나이트』(정제희 저, 하다출판사)는 여성 유학생이 쓴 테헤란 버전의 『아라비안 나이트』로, '세속 도시' 테헤란의 멋과 맛에 대한 수다가 이어진다. 60대 부부의 배낭여행기 『차도르 속 이란 이야기』(김광원·남하현 지음, 한가람서원)는 호기심과 이해심 많은 여행자의 눈높이로 이란의 주요 관광지를 돌아보고 있다.

●『역사 드라마로 읽는 성경』(류모세 지음, 두란노)『성경과 5대 제국』 (조병호 지음, 통독원)은 페르시아 제국의 강역 내에서 벌어진 성경과 유대 인 관련 이야기들이 담겨 있다. 이란 내 기독교 성지순례자에게 필요한 참 고서다. 참고로 이란에서 타종교의 활동은 '국시에 대한 도전'으로 간주되 며, 외국인에게도 예외는 없다.

●『나의 몫』(파리누쉬 사니이 지음, 허지은 옮김, 문학세계사)은 한 이란 여성의 반백 년 생애를 통해 혁명 전후 여성의 고통스런 삶과 투쟁을 그려 낸 장편소설이다.『테헤란의 지붕』(마보드 세라지 지음, 민승남 옮김, 은행 나무)은 이슬람 혁명 전의 테헤란을 배경으로 한 성장 소설이다. 이슬람 최 초의 여성 노벨 평화상 수상자인 시린 에바디의 자서전『히잡을 벗고, 나는 평화를 선택했다』(황지현 옮김, 황금나침반)는 혁명의 과정과 그 이후의 변 화를 보여 준다. 한국어로 번역된 이란 인들의 소설과 자서전에 따르면, 혁 명 이전 '미제의 주구'였던 비밀 경찰과 혁명 이후 '혁명의 수호자'인 종교 경 찰이 비슷한 짓을 하고 있는 것 같다.

● 헤로도토스의『역사』(박광순 옮김, 범우사)는 크세르크세스의 그리스 원정기다. 고대 페르시아 관련 정보의 보고다.『제국은 어떻게 망가지는가』 (류징화 외 지음, 한종수 옮김, 아이필드)는 원제가『대국쇠락지감大國衰落之 鑑』으로 페르시아를 포함한 세계사 속 제국들의 '망'과 '쇠'를 정리한 것으로 『대국굴기』와 짝패를 이루는 책이다. 중세 아랍의 최고 역사학자인 이븐 할 둔은『역사서설 : 아랍, 이슬람, 문명』(김호동 옮김, 까치)에서 아랍이 페르 시아를 정복했으나, 이슬람 문화를 축적하고 전파한 것은 페르시아 인들이 었다고 고백한다.

● 본격적인 연구서로는 유달승 교수(외대 이란 어과)의『호메이니』(한 겨레출판)가 있다. 이슬람 혁명의 아버지이자 현 이란이슬람 공화국의 국 부인 호메이니의 삶을 통해 이란의 입장과 논리를 객관적으로 살피고 있 다. 통일신라 시대의 페르시아를 알고 싶다면『페르시아 사산 제국 정치사』

(압돌 자린쿠 외, 태일 옮김, 예영커뮤니케이션)가 있다.

●『하룻밤에 읽는 중동사』(미야자키 마사카츠 지음, 이규원 옮김, 랜덤하우스)는 세계사 속의 중동사(이란사), 중동사(이란사) 속의 세계사를 보여 준다. 하룻밤에 읽고 싶을 만큼 재미있으나, 밀도 있는 내용 때문에 독파에 이틀밤은 걸린다. 한국 근현대사와 마찬가지로 눈물 없이 읽기가 어렵다.

● 주駐이란 한국 대사관 홈페이지에 탑재된『가볍게 읽어 보는 이란』은 이란의 '모든 것'을 79가지 질문에 대한 짧은 답변들로 보여 준다. 이번 여행기 원고 마감 직전에 올라온 자료여서 충분히 활용하지는 못했으나, 수정과 보완 작업에 참고했다. 유흥태 박사의 블로그(blog.naver.com/yht0427)와 한인이 운영하는 테헤란 현지의 게스트하우스인 마한 호텔의 카페(cafe.naver.com/ttk0005)를 참조할 만하다.